Ulrich Wickert

ZEIT ZU HANDELN

Den Werten einen Wert geben

Hoffmann und Campe

1. Auflage 2001

www.hoffmann-und-campe.de
Schutzumschlaggestaltung: Katja Maasböl
Foto: action press/Thomas Meyer
Satz: Dörlemann Satz, Lemförde
Druck und Bindung: GGP Media, Pößneck
Printed in Germany
ISBN 3-455-11253-6

Für Calixt, Alix, Friedrich, Catharina

Inhalt

Vorwort: Zeit zu handeln

Es ist Zeit zu handeln. Das klingt einfach, ist es aber nicht. In den vergangenen Jahren hat sich das Unbehagen an der Entwicklung der Gesellschaft ausgeweitet. Zahlreiche Abhandlungen sind erschienen, die nach den Gründen dafür suchen. Häufig ist von Wertekrise die Rede, und in Diskussionen nicken alle betroffen und fragen: »Wer tut denn jetzt was?« Derjenige, der über das Unbehagen spricht, der erklärt, wie man den Werten wieder einen Wert geben kann – und weshalb das notwendig ist –, der könnte doch etwas tun …

»Wir unterstützen Sie auch dabei«, wird ihm wohlwollend versichert. Aber wenn die Antwort lautet, sie mögen nicht auf einen Heiland warten, der sie aus dem Jammertal führt, sondern jeder müsse selbst Hand anlegen, zeigen sich die Gutmeinenden bestürzt. Vielleicht würde der eine oder andere tatsächlich gern etwas unternehmen. Nur: wie und wo?

Als im Herbst 2000 ein Molotow-Cocktail gegen die Synagoge von Düsseldorf geworfen wurde, zeigte sich Bundeskanzler Gerhard Schröder empört, reiste sofort an, um den Juden in Deutschland sein Mitgefühl zu bekunden, und forderte zum »Aufstand der Anständigen« auf. Dieses Wort machte Karriere, sodass mit diesem Leitspruch in einer Anzeige in der *Zeit* unter der Rubrik »Verschiedenes« sogar gastfreundliche Familien für russische Schüler gesucht wurden. Wozu aber sollen die Anständigen aufstehen? Gefragt ist Anstand, der auf die Umgebung abfärbt, der Verhalten ändert und von Dauer ist. Es reicht nicht, gemeinsam in so großer Zahl wie nur möglich Lichterketten zu bilden oder gegen Rassismus zu demonstrieren. In der großen Masse ist es einfach, mal für ein paar Stunden anständig zu sein. Schwer ist es, dies im Alltag so zu bleiben, dass sich daraus eine Wirkung auf die Umgebung ergibt.

Das Ziel lässt sich also scheinbar einfach beschreiben. Der Soziologentag 2000 in Köln hatte es sogar zu seinem Generalthema gemacht: »Die gute Gesellschaft.« Das klingt simpel, ist es aber auch wieder nicht. Denn »gut« ist ein zu ungenauer Begriff, der erst einmal definiert werden muss.

Vor das Handeln gehört das Nachdenken. Denn ohne Orientierung, ohne Überlegung wird kein Ziel zu erreichen sein, bleibt jegliches Handeln ziemlich wahllos. Wer handeln will, sollte sich freimachen von äußeren Ablenkungen, von Tabus und Blockaden. Orientierung findet nämlich nur, wer nicht durch Ängste gebremst wird. Die Angst aber geht um, weil sich bange Fragen häufen, während die Antworten unbefriedigend bleiben. Was wird aus der Gesellschaft, in der Werte keinen Wert mehr haben? Was geschieht in Forschung und Technik? Wie sieht die Zukunft aus? Und wer werden wir sein?

Wer sich über Problemlösungen und Zukunftskonzepte klar werden will, muss sich zunächst einmal über die Befindlichkeit unserer Gesellschaft informieren. Nach dem Motto: Voraussetzung für Denken ist Wissen um den Ausgangspunkt. So gilt es zu untersuchen, was die Orientierungslosigkeit bewirkt und wie Ängste unser Denken fehlleiten. Dann sollten Begriffe wieder auf ihren ursprünglichen Sinn hin untersucht werden. Denn ihre unrichtige Anwendung lenkt vom Ziel ab. So wurden die Besucher des Zürcher Schauspielhauses kürzlich aufgefordert, »aus Solidarität mit den Schauspielern auf der Bühne«[1] vom Konsum alkoholischer

Getränke im Zuschauerraum abzusehen. Das Wort »Solidarität« verströmt einen gewissen Wohlklang, war hier aber fehl am Platz. Aus »Rücksicht« auf die Schauspieler sollen sich die Besucher mitteleuropäisch zivilisiert verhalten. Doch Rücksicht erschiene altertümlich – ähnlich wie Höflichkeit. Und so geht es mit vielem. Wörter wie »Pflicht«, »Gehorsam« oder »Autorität« jagen heute fast jedem Schauder über den Rücken, weil sie zu sehr an das Nazi-Reich oder »nur« an den alten Preußenkönig erinnern. Von ihrem geschichtlichen Ballast befreit und auf ihre ursprüngliche Bedeutung zurückgeführt, beginnen sie wieder so zu wirken, dass sie Elemente einer »guten« Gesellschaft sein können.

Wie merkwürdig die Zeiten sich wandeln, haben die Soziologen auf ihrem Treffen zur »guten Gesellschaft« selbst belegt, indem sie zum ersten Mal in der Geschichte ihres Fachs einen Preis »für herausragende Leistungen auf dem Gebiet der öffentlichen Wirksamkeit« vergeben haben. Das mutet an, als nähme niemand mehr die Gesellschaft, geschweige denn die »gute Gesellschaft« wahr, weil das Individuum zum Götzen erhoben wurde. Das Individuum aber befindet sich in einem Zwiespalt. Es möchte allein sein und benötigt dennoch einen Halt, den es nur in der Gemeinschaft gibt. Den Exzess der gewollten und trotzdem als quälend empfundenen Individualisierung stellt die Zeitgeist-Figur Paprika in Else Buschheuers Roman »Ruf!Mich!An!«[2] dar. Bloß keine Beziehung zur Gemeinschaft, in der man aber wohnt – wohnen muss! Da wird individuelles Handeln zum hektischen Selbstzweck.

Das Ziel ist bekannt, doch das Umfeld verändert sich ständig. Deshalb benötigt der Handelnde Orientierungshilfen: Maßstäbe, die eine Richtung vorgeben. Vor 2500 Jahren haben griechische Philosophen dies als Werte und Tugenden bezeichnet. Auch heutzutage sind Tugenden wieder modern. Doch wer weiß schon, was Tugenden sind? Zeitweise wurden sie als verstaubt angesehen, weil fälschlicherweise »Keuschheit« als Tugend galt, was sie nicht ist, während man Toleranz, Gerechtigkeit und Solidarität gering schätzte. Und was sind schon Werte? Etwa Schönheit, Reichtum oder Modernität? Keineswegs. Dafür aber Freiheit, Zivilcourage oder Verantwortungsbewusstsein. Es ist Zeit, den Werten ihren ethischen Stellenwert wiederzugeben, denn nur so ist es sinnvoll, nach ihnen zu handeln.

Haben die ethischen Werte in der Gesellschaft aber erst wieder an Gewicht gewonnen, dann heißt »Handeln« auch, die gewonnene Erkenntnis weiterzugeben, damit die nachwachsenden Generationen befähigt werden, ein moralisches und soziales Leben zu führen. Kinder werden als asoziale und egoistische Wesen geboren. Die Werte der Zivilisation, die des Menschen Gemeinschaft von der Horde unterscheidet, müssen ihnen erst nach und nach vermittelt werden. Das ist Aufgabe der Erziehung.

Es ist wirklich Zeit zu handeln. Nur, wie gesagt, das klingt einfach, ist es aber nicht.

Kapitel 1

Werte in Zeiten abrupten Wandels Zum Zustand unserer Gesellschaft

Von der Hysterie eines verwöhnten Volkes

»Was frisst die Europäer auf? Killer-Cornflakes.« Mit dieser Schlagzeile machte sich die *International Herald Tribune* auf ihrer ersten Seite lustig über das, was die Bewohner des alten Kontinents plagt. Voller Ironie vermerkt T. R. Reid: »Eine Schale Cornflakes kann dich umbringen – nicht zu reden von einem Schinkenbrot oder einem T-bone-Steak. Geimpft werden kann dich umbringen. Economy Class fliegen kann dich umbringen, und Business Class ist auch nicht viel besser. Das Gummi-Entchen im Bad kann dich (und deine Kinder) umbringen. Und leg ja das Handy weg, bevor es dich umbringt!«[1]

Es ist nur wenige Jahrzehnte her, da galten die Amerikaner den Europäern als Hygiene-Hysteriker, die sich nach jedem Handschlag die Finger desinfizierten und sich vor einer Reise nach Deutschland zum Beispiel fragten, ob man Wasser dort ohne Seuchengefahr trinken könne. Jetzt wundern sich die immer noch gesundheitsbewussten Amerikaner – von ihnen stammen immerhin der Jogging-Wahn und Health-food – über die Zukunftsängste der Europäer. Ja, die Amerikaner erkennen in der Alten Welt plötzlich eine Kultur der Angst, die eine Mischung aus echten Gesundheitsproblemen, Trends in der Umweltzerstörung, Antiamerikanismus und Pessimismus darstellt.

»Es ist eine Frage der Gefühlslage«, meint Mart Saarma, Biologe am Helsinki-Institut für Biotechnologie. »Die Amerikaner scheinen pragmatisch mit neuen Ideen und Erfindungen umzugehen. Die Europäer neigen dazu, sich zu sorgen. Das führt zum Verlangen, immer auf der sicheren Seite zu sein, bis etwas Neues als absolut ungefährlich bewiesen ist.«[2]

Amerikaner und Kanadier nehmen täglich genmanipulierte Produkte zu sich: Mais, Sojabohnen und andere Lebensmittel. Eine Studie der National Academy of Sciences hat festgestellt, dass diese neuen Arten nicht anders sind als die traditionellen. Aber als im Frühjahr 2000 eine für europäische Landwirte bestimmte Samenlieferung aus Kanada versehentlich einen geringen Anteil – weniger als ein Prozent – genmanipulierter Samen enthielt, warnten die europäischen Medien vor »Ansteckung« und »Vergiftung«.

Auf der Suche nach einer Erklärung für das unterschiedliche Verhalten von Europäern und Amerikanern folgert Philip Lader, US-Botschafter in London: »Nur noch fünfzehn Prozent der Bevölkerung gehen zur Kirche ...«, und dies könnte ein »menschliches Bedürfnis nach anderen überlebensgroßen Zielen auslösen. Vielleicht hat es mit dem beinah religiösen Eifer der Gegnerschaft zu genmanipuliertem Essen zu tun.«

Diese Erklärung mag erstaunen, aber so ganz falsch ist sie nicht. In jenen Zeiten, in denen Glauben vor Wissen kam, fiel es dem Menschen leichter, in die Zukunft zu schauen. Nach dem Motto: »Der Herr wird's schon richten.« Mit der Ablösung der Religion als Sinnstifter überfielen den Menschen Zweifel. Was ist richtig, was falsch? Und je komplizierter die Welt wird, desto undurchschaubarer erscheint die Gegenwart – und erst recht die Zukunft, in der die Ursachen für unsere Ängste verborgen liegen. Zwar herrscht in Europa ein Wohlstand, wie es ihn in der Geschichte dieses Erdteils noch nie gegeben hat. Auch waren die Güter noch nie so gleichmäßig verteilt wie zu Beginn des dritten Jahrtausends. Noch nie waren Kriege, Seuchen, Hungersnöte oder auch Zwang,

Unterdrückung und Diktatur so fern von jeder Wirklichkeit wie jetzt. Und dennoch herrscht Angst vor der Zukunft.

Das Leben scheint immer weniger überschaubar. Und das beginnt, wo es besonders erfahrbar und deshalb äußerst bedrohlich ist, zunächst in der eigenen Umgebung. Plötzlich ist das eigene Auto in einem gutbürgerlichen Wohnviertel aufgebrochen worden; oder eine Mitarbeiterin erzählt noch unter Schock, drei »Glatzen« hätten ihr Auto stehlen wollen, die Wegfahrsperre jedoch nicht knacken können und deshalb den Wagen zu Schrott getreten. Plötzlich erfährt man nicht aus der Lokalzeitung, sondern von einem Bekannten, dass er in der S-Bahn zusammengeschlagen worden ist, oder von der Mutter eines Schülers, dass ihr Sohn mit Schlüsselbeinbruch im Krankenhaus liegt, weil ein Mitschüler ihm seine modische Jacke wegnehmen wollte.

Widersprüche, die man nicht so einfach klären kann, nehmen zu. So wird ein »neues Gründerzeitalter« proklamiert, weil dem Internet die gleiche Bedeutung beigemessen wird wie der Stahlindustrie im 19. Jahrhundert. Damals wurde der technische Wandel zur Grundlage für Wohlstand und Reichtum in der westlichen Industriewelt. Und heute …? Mit Hilfe von Aktienverkäufen entstehen Hunderte Unternehmen der New Economy, für die es keinen deutschen Begriff mehr gibt. Was auch nicht mehr notwendig erscheint, da das Internet Englisch spricht. Und die Börsenkurse, die wie Lotto-, nein, wie Roulettegewinne anmuten, ziehen immer mehr Menschen aller Schichten in ihren Bann. Die Banken spielen dabei eine unselige Rolle, denn ihnen geht es nicht in erster Linie um die Solidität der verkauften Aktien, sondern um den Gewinn, den sie damit machen. Aber das erfahren die wenigsten Kleinanleger. Es dauerte auch nicht lange, da ordnete sich die Welt wieder: Die aufgeblähten Phantasiepreise der Internet-Aktien stürzten ins Bodenlose. Die meisten der modernen »Roulettespieler« nahmen ihre Verluste leise weinend hin; denn wer zuvor monatelang lauthals mit einer Kurssteigerung nach der anderen angegeben hatte, der wollte nun die Blamage nicht zugeben. Doch auch wer keine dieser Aktien mit Luftkursen besitzt, fühlt sich verunsichert, denn er kann der Klage über den Verfall nicht entgehen, weil die Medien voll davon sind.

Ohnehin bringen die Medien häufig Missbehagen ins Haus. Nachdem die Meinungsmacher nicht wissen, ob nun eine neue Eiszeit oder eine Klimaerwärmung droht, zitieren sie Wissenschaftler, die vor einem generellen Temperaturanstieg warnen. Deiche müssten erhöht werden, heißt es, weil das Meer flache Küsten gefährde. Der einzelne Bürger fühlt sich angesichts eines solchen Szenarios hilflos, denn selbst die Regierungsbeteiligung der Umweltpartei führte zu keinem politischen Umdenken. Immer verwirrender werden die Zeiten. Dinge geschehen, die man weder dulden noch erdulden möchte. Doch es fehlen die Mittel oder Leitlinien, die dem Bürger die Möglichkeit gäben, dagegen anzugehen.

Wut kommt auf angesichts von Brandanschlägen auf Häuser, in denen Ausländer wohnen, oder der Zunahme des Rechtsextremismus: Junge Menschen erschlagen Ausländer, treten sozial Schwache tot. Doch die öffentliche Betroffenheit lässt die Medien über die Stränge schlagen. Die monatelang nicht aufgeklärte Explosion einer Granate in einer Gruppe zum Teil jüdischer Russlanddeutscher wurde zum Anschlag von Rechtsextremen, ohne dass ein Beweis dafür erbracht worden wäre. Der vermeintlich von Rechtsextremen begangene Mord an dem Kind Joseph im ostdeutschen Sebnitz wurde von der Justiz durch die vorübergehende Verhaftung von drei Jugendlichen und durch die besonders unkontrollierte Berichterstattung einiger Zeitungen zu einem nationalen Trauerspiel.

Und dann sagen uns Wissenschaftler: »Die Brandanschläge und Menschenjagden sind aber nicht bloß gemein motivierte neofaschistische Verbrechen, die aus einer brisanten Mischung aus politischen Gründen und individuellen Motiven begangen werden, sondern identitätsstiftende Aktionen, die mit symbolischer Bedeutung aufgeladen sind.«[3]

Die Gewalttat – bis hin zum Mord – schafft Identität und Selbstbewusstsein? Doch auch das Handy oder Klamotten mit Modemarke schaffen Identität. Es kommt nur darauf an, welcher Gesellschaftsschicht der Jugendliche entstammt. Schüler spielen auf dem Schulhof, nur einer darf nicht mitmachen. Das gehöre zum Alltag, meint Ilona Wilhelm, Lehrerin und stellvertretende Vorsitzende der Gewerkschaft Erziehung und Wissenschaft in Hamburg: »Mitschüler, die keine Markenkleidung tragen, werden beschimpft und ausgegrenzt. Das ist die unterste Form von Mobbing.«[4]

Junge Menschen erkennen im Allgemeinen nicht den Widerspruch, der darin besteht, Individualität, die jeweils etwas ganz Eigenes, Besonderes ist, erreichen zu wollen mit Hilfe von Massenartikeln aus der Mode, deren Besitzwert durch die Werbung hergestellt wird; eine Werbung, die funktioniert, indem sie ganz gewöhnliche Produkte zu Statussymbolen erhebt. Diese Symbole stellen den Besitzer über die anderen, erhöhen ihn, und damit ist er »wer«. Gerade in der Zeit der Pubertät, wenn Jugendliche ihre Persönlichkeit entwickeln, danach suchen, wer sie sind, und ihre Stellung in der Gesellschaft ertasten, messen sie ihre Persönlichkeit am Besitz von Wertgegenständen, nicht aber an gesellschaftlichen Werten. Und wer über wenig Selbstbewusstsein verfügt, der fühlt sich besonders schnell verunsichert und folgt dem

Gruppendruck. Damit niemand glaubt, die Eltern könnten sich Designer-Klamotten für ihren Sprössling nicht leisten, beugen sie sich erst recht dem Modezwang. Nun erfinden allerdings Kinder den Konsumzwang nicht, sondern er wird ihnen von den auch an mangelndem Selbstbewusstsein leidenden Eltern weitergegeben.

Die Verwirrung nimmt überall zu: sei es im Verhalten von Vorbildern oder staatlichen Einrichtungen, das uns noch ausführlich beschäftigen wird, sei es bei den von Politik, Wirtschaft, Wissenschaft und Medien vermittelten Leitlinien, auf die wir ebenfalls zurückkommen, sei es in der Sprache, sei es bei der Definition von Werten.

Ein eklatantes Beispiel: Für fast alle Beteiligten war die Diskussion um die Versenkung der Ölplattform »Brent Spar« äußerst peinlich. Nur hat das im Nachhinein kaum mehr jemand wahrgenommen. Greenpeace war von einer falschen Voraussetzung ausgegangen; die damalige Umweltministerin Angela Merkel stimmte in den Chor der öffentlichen Empörung ein und schrieb der britischen Regierung einen bitterbösen Brief; sogar Bundeskanzler Helmut Kohl nahm gegen eine Versenkung Stellung, obwohl er die Tatsachen nicht kannte. Denn wer sie kannte, der konnte nichts gegen die Versenkung haben. Ein Millionenschaden entstand.

Auch in der BSE-Krise haben Vorbilder, in diesem Fall hauptsächlich die agierenden Politiker, versagt, sodass *Der Spiegel*[5] sich zu einer Titelgeschichte veranlasst sah, die Deutschland als »hysterische Republik« zeichnete. Aber wer es wagte, sich zum Kritiker der BSE-Hysterie aufzuschwingen, der sah sich bösen Kommentaren ausgesetzt. Mit großen Vorschusslorbeeren wurde die neue Ministerin Renate Künast, zuständig für Verbraucherfragen und Landwirtschaft, bedacht, weil sie so sachlich zu sprechen schien. Dann stimmte sie der Tötung von 400 000 Rindern zu, was eine reine Marktbereinigung war und mit Fragen der Gesundheit nichts zu tun hatte. Frau Künast aber sagte, und vermutlich war sie auch davon überzeugt, die Rinder müssten getötet werden, um das Vertrauen der Verbraucher in Rindfleisch wieder herzustellen. Diese Argumentation war zumindest fehlerhaft. Vertrauen hätte nur eine umfassende Information geschaffen, wonach dem Bürger klar gemacht worden wäre, dass es keineswegs gefährlich ist, Fleisch von den Muskelpartien des Rinds zu essen. An den Folgen von BSE ist in Deutschland – soweit bekannt – noch kein Mensch erkrankt. Jährlich sterben aber sechzig bis achtzig Menschen an Salmonellen, die über verschmutzte Eier übertragen werden. Und das wird hingenommen, ohne dass es auch nur die geringste nationale Aufregung gäbe.

Die plötzlich ausgebrochene Maul- und Klauenseuche potenzierte die Ängste der europäischen Konsumenten, obwohl diese Krankheit bei Tieren wie eine Grippe verläuft und für den Menschen unschädlich ist. Aber die Politiker verschweigen die wahren Gründe für das, was geschieht. Früher wurden Tiere gegen die Maul- und Klauenseuche geimpft. Geimpfte Tiere waren allerdings außerhalb Europas nicht mehr zu verkaufen. Deshalb wurde die Pflicht aufgehoben. Die Vernichtung der Tiere nach Ausbruch der Krankheit hatte mit gesundheitlichen Gefahren also nichts zu tun, sondern war wieder eine Frage des Marktes. Aber dies getraute sich niemand zuzugeben.

Stattdessen konnten die Populisten ihr gutes Herz beweisen. Volkes Stimme war gegen die sinnlose Vernichtung von 400 000 Rindern und forderte, ein Teil des Fleisches solle der hungernden Bevölkerung in Nordkorea zugute kommen. Experten und Politiker waren zunächst dagegen, weil sich in den vergangenen Jahren erwiesen hatte, dass einmalige Hilfe wie die hier geplante Aktion gegen den Hunger die Lage in Nordkorea langfristig eher verschlechtern würde.

»Es reicht nicht, Nahrungsmittel zu schicken, wenn die Krankenhäuser keine Arzneimittel haben und das Wasser verseucht ist«[6], zitierte *Der Spiegel* David Morton, den Uno-Koordinator im nordkoreanischen Pjöngjang.

Trotzdem richtete sich die Politik nicht nach dem Rat der Experten, sondern nach den Ängsten und dem Druck der diffusen Öffentlichkeit. Entwicklungsministerin Heidi Wieczorek-Zeul machte eine Kehrtwende in ihrer Argumentation und konnte sich plötzlich eine »einmalige Aktion« vorstellen, »wenn alle Konditionen erfüllt werden«. Und auch Verbraucherministerin Renate Künast schwenkte um und dachte laut über eine »erste Probelieferung« nach. Den Ton hatte Bundeskanzler Gerhard Schröder vorgegeben, der im Kabinett verkündet hatte, man könne nicht umhin, etwas zu unternehmen, »das ist sonst nicht zu erklären«.

Die Angewohnheit, der Angst des Volkes nach dem Mund zu reden, steigert die Orientierungslosigkeit des Bürgers und potenziert die Hysterie. Aber alle machen mit. Besonders, wenn es um neue Techniken oder Forschungsergebnisse geht. Was Aldous Huxley in »Schöne neue Welt« als Utopie darstellt, nämlich das Klonen von Menschen je nach Bedarf des tyrannischen Staates, scheint plötzlich die Literatur verlassen zu haben und Wirklichkeit zu werden, weil Forscher das menschliche Genom entziffert haben. An der Grundlagenarbeit hatten die Deutschen selbst wenig Anteil, weil sie aus historischen Gründen Angst vor der Genforschung haben, doch in der öffentlichen Diskussion wurde flugs ein die Ängste bestätigendes Zerrbild gezeichnet, was die Nobelpreisträgerin und Genforscherin Christiane Nüsslein-Volhard zu der Bemerkung veranlasste: »Alle reden vom Genom. Und die allermeisten wissen nicht, was es damit auf sich hat … Ethiker, Politiker, Theologen und Philosophen heben den Zeigefinger und mahnen an, dass schleunigst zu überlegen sei, was wir (die Menschheit) denn eigentlich wollen, und vor allem, dass den Forschern Schranken zu setzen seien, bevor sie Fürchterliches anstellen.«[7]

Diffuse Zukunftsängste

Jeder kann im täglichen Leben selbst beobachten, wie Angst und Furcht zu Fehlverhalten verleiten. Da fürchten wir uns nicht nur vor dem Zahnarzt, sondern auch vor dem Telefon, vor technischen Neuheiten wie Handy mit SMS und Internet mit E-Mail und all den anderen ungeahnten Möglichkeiten. In einer Gesellschaft, in der die aktive Jugend verherrlicht wird, wo inzwischen schon Substanzen gespritzt werden, damit nicht nur Falten verschwinden, sondern auch die Handflächen nicht mehr schwitzen, scheint die Furcht, nicht »in« zu sein und zu altern, berechtigt. In der Furcht, alt zu werden, leben Frauen, die das von den Medien und der Werbung geforderte jugendliche Schönheitsideal an sich selbst mit Operationen erhalten oder erst herstellen wollen. Das alles sind Ängste, über die wir – obwohl selbst betroffen – immer noch ironisch lächeln, wenn in der Gesellschaft darüber gesprochen wird.

Aber die in der *International Herald Tribune* so zynisch dargestellte Angst der Europäer vor den »Killer-Cornflakes« spricht von Lebensangst. Sie wohnt jedem Menschen inne, ohne dass eine äußere Bedrohung auf ihn einwirkt. Es ist eine Angst vor dem Nichts, vor der Sinnlosigkeit, vor Schuld und Sühne.

»Eine vielleicht noch nie gewesene Lebensangst ist der unheimliche Begleiter des modernen Menschen«[8], so beschreibt der Philosoph Karl Jaspers die geistige Situation der Zeit. Allerdings ist Angst ein vorwiegend europäisches Phänomen, wenn nicht gar ein deutsches. Denn das deutsche Wort »Angst« ist einer der wenigen Begriffe, die in den internationalen Sprachschatz eingegangen sind.

Als das Jahr 2000 anstand, wurde so viel über das neue Millennium geredet und geschrieben, dass der Eindruck erweckt wurde, ein völlig neues Zeitalter habe begonnen. Wie es aussehen würde, das erklärten viele lauthals, aber wenig glaubwürdig. Es entstand eine unnötige Verunsicherung. Zwar geht von dem Wort »Zukunft« immer ein großer Zauber aus, weil jeder neugierig auf das ist, was kommt. Aber weil darauf niemand eine plausible Antwort geben kann, entstand im Hinblick auf den Jahrtausendwechsel ein diffuses Gefühl der Unsicherheit. Scharlatane kündigten einen Aufbruch an, ohne inhaltliche Vorgaben oder brauchbare Prognosen – nicht einmal für die nächsten zehn Jahre – zu haben. So standen, ja stehen Bürger hilflos vor der Frage nach dem, was sie erwartet. Und weil sie nichts wissen, haben sie eher Angst denn Zuversicht.

In einer Untersuchung stellte Renate Köcher vom Allensbacher Institut fest: »In zehn Jahren – davon ist die überwältigende Mehrheit überzeugt – ist die Gesellschaft kälter und egoistischer, die Arbeitslosigkeit höher und die Zukunft unsicherer als heute … 71 Prozent der Bevölkerung sehen Egoismus und Rücksichtslosigkeit auf dem Vormarsch; 61 Prozent erwarten, dass die Kalkulierbarkeit der Zukunft immer mehr schwindet …«[9]

Wissen ist die Voraussetzung für Denken und zielgerichtetes Handeln. Nicht-Wissen kann in Zeiten des Umbruchs, und sei er auch nur vermutet, Angst auslösen. Angst ist ein stärkeres Phänomen als Furcht. Die Furcht vor Krebs, Genmanipulation oder unkontrollierbaren Erfindungen der Technik – vorneweg der Atomtechnik – wiegt schwer und führt den Menschen zu politischen Aktionen: Bürgerinitiativen gegen Atomkraftwerke hatten immerhin die Gründung der »Grünen« als Partei zur Folge.

Furcht unterscheidet sich von Angst dadurch, dass sie sich gegen etwas Bestimmtes richtet: Man fürchtet sich etwa vor dem bösen Wolf. Angst hingegen hat kein festes Objekt. Man will den dunklen Wald nicht allein durchqueren, weil man Angst hat. Im Sprachgebrauch wird dieser Unterschied häufig verwischt. Furcht kann auch leicht in Angst umschlagen.

»Furcht hat ein bestimmtes Objekt, vor dem man fliehen kann, das man ertragen oder angreifen kann, um es zu beseitigen«, schreibt Friedrich Panse. »Abwehr oder Flucht können die Furcht sozusagen auflösen; ist dieser Ausweg aber versperrt, wird der von der Bedrohung ausgehende Eindruck in Angst umgesetzt.«[10]

Was Angst auslösen kann, wird immer wieder an dem berühmt gewordenen Beispiel der New Yorker Massenpanik von 1938 dargestellt. An einem Sonntagabend strahlten 92 Rundfunkstationen ein Hörspiel von Orson Welles aus, dessen Handlung auf den Roman »War of the Worlds« von H. G. Wells basierte. In der Form einer aktuellen Reportage wurde die Landung von Marsmenschen südlich von New York gemeldet. Millionen von Radiohörern verstanden die – als Hörspiel angekündigte – Sendung als Tatsachenbericht und verließen fluchtartig die Stadt.

Andere Beispiele aus der Geschichte sind bekannt, etwa die »grande peur« in Frankreich (1789, kurz vor dem Sturm auf die Bastille). In verschiedenen Ortschaften tauchten Gerüchte von einer anrückenden deutschen, spanischen, englischen oder polnischen Armee auf, woraufhin Pfarrer die Sturmglocke läuten ließen, Frauen und Kinder in die Wälder geschickt wurden und die bewaffnete Bürgerschaft dem vermeintlichen Feind entgegenzog – der unauffindbar blieb.

In Zeiten der elektronischen Medien kann Beruhigendes in wenigen Minuten mitgeteilt werden. Angst kann aber auch entstehen durch ausschnittweise verabreichte Informationen, die am Ende ein falsches Bild von der Wirklichkeit ergeben. Ja, die Gesellschaft kann Zwänge aufbauen, die so stark sind, dass der Einzelne versucht, ihnen zu folgen, aus Angst, sonst nicht das Richtige zu tun, obwohl seine Handlung in striktem Gegensatz zu den eigenen Wünschen steht.

Der Mensch folgt Zwängen, weil Angst ihn am Nachdenken hindert. So nimmt der Verängstigte eine Angst einflößende Meldung – wie »Die Marsmenschen sind gelandet« – als Tatsache hin und handelt entsprechend unvernünftig. Statt besonnen zu überlegen, aßen bei der New Yorker Panik Familien ihre Vorräte auf, packten das Nötigste ein, beteten und flohen. So wirkt Angst als Denkhemmung und schaltet die Vernunft aus.

Ängste können wie die »grande peur« oder wie in New York momentan entstehen und sich wieder auflösen. Sie können aber auch so grundsätzlicher Natur sein, dass sie Teil der nationalen Identität werden und als Zivilisationsangst das Verhalten eines ganzen Volkes beeinflussen. Wenn Amerikaner sich über die Angst vor »Killer-Cornflakes« lustig machen und ihnen Deutschland als »hysterische Republik« erscheint, dann liegt das unter anderem auch am Unterbewusstsein oder mangelnden Selbstbewusstsein der Deutschen. Besonders die jüngeren Generationen, die den Faschismus und die Nazi-Diktatur nicht miterlebt haben und dennoch mit den Untaten der Deutschen im Dritten Reich – der Vernichtung der Juden, Roma und Sinti und anderer – belastet werden, reagieren mit kaum kontrollierbarer Unsicherheit, mit Abwehr und Komplexen.

»Wenn die Mehrheit der damals lebenden Deutschen pflichtbewusst für einen verbrecherischen Staat in den Krieg gegangen ist – einige sogar mit Begeisterung für Heldentum – und seine Befehle bis zuletzt befolgt hat«, fragt sich Helmut Schmidt, »muss ich dann nicht Angst haben vor diesem und jedem anderen deutschen Staat?«[11]

Verunsicherung, wohin man blickt

Wer die Zukunft richtig einschätzen will, muss die politischen, wirtschaftlichen und auch die gesellschaftlichen Rahmenbedingungen kennen. Doch es hapert allenthalben an der Vermittlung sowohl durch die Politik als auch durch die Massenmedien, wo ernsthafte Entwicklungen überdeckt werden von der ausführlich dargestellten Banalität der Spaßgesellschaft.

In Deutschland haben die politischen Parteien über Jahrzehnte hinweg die Debatte belebt, sich darum gestritten, wie die Werte Solidarität, Gerechtigkeit, Gleichheit und Freiheit ausgelegt werden sollten. Noch zu seinem Amtsantritt 1982 hatte der damalige Bundeskanzler Helmut Kohl eine geistig-moralische Wende angekündigt, die dann allerdings ausblieb. Zwanzig Jahre später weiß der Bürger zeitweise nicht mehr, ob die SPD oder die CDU sich stärker für die soziale Gerechtigkeit verantwortlich fühlt, was den verschiedenen politischen Gruppierungen Solidarität noch bedeutet oder aber die Freiheit des Unternehmers. Nach den Vorstellungen der

Deutschen fordert eine menschliche Gesellschaft vor allem soziale Gerechtigkeit, einen funktionierenden Generationenvertrag, Solidarität, Familiensinn, Verantwortungsgefühl und klare moralische Maßstäbe.[12]

Tatsächlich begnügen sich die Politiker aber zunehmend mit Pragmatismus und Beliebigkeit, sowohl auf der Seite der Regierung wie bei der Opposition. Die Fragen, bei denen es um die Umsetzung ethischer Werte geht – Fragen von Leben und Tod, von Nation und Religion, oder auch die Verankerung von geschichtlichen Momenten in der kollektiven Identität –, werden vorrangig außerhalb der politischen Zirkel abgehandelt, da allerdings mit der Angst im Nacken.

Neuerdings bringen die durch das Internet ausgelösten wirtschaftlichen Veränderungen Schwung und Dynamik in die Gesellschaft. Mit einem Mal wächst die Bedeutung von Wirtschaft und Finanzen in der öffentlichen Wahrnehmung. Im Gegenzug schwindet das Vertrauen des Bürgers, Entwicklungen in der Gesellschaft noch wesentlich mitgestalten zu können. Begriffe wie Globalisierung, Sparzwang, Strukturwandel und Wettbewerbsfähigkeit werden zu unantastbaren Tabus erklärt, weil sie angeblich das wirtschaftliche Überleben der (sowieso bald überalterten und aussterbenden) deutschen Bevölkerung garantieren. Vom Menschen und den Werten einer humanen Gesellschaft ist nur selten die Rede.

Dass einem dabei angst und bange werden kann, beweist das Fusionierungsdebakel von Daimler und Chrysler. Bosse, die ausschließlich an Schlagworte wie »Shareholder-Value« glauben, Banken oder Autofabriken, die einfach nur größer werden wollen als andere, nicht nur in Europa, sondern in der ganzen Welt, haben sich vom Gemeinwohl längst abgekoppelt.

»Ein egomaner Größenwahn hat manche von ihnen ergriffen«, meint der ehemalige Bundeskanzler Helmut Schmidt. »Man möchte der Größte sein … Die Manager verfolgen vorwiegend eigensüchtige, eigennützige Ziele.«[13]

Im Fall DaimlerChrysler zeigte sich schnell, wie sich Fehleinschätzungen rächen können. Denn plötzlich besteht die Welt aus verschiedenen Kulturen, die sich global nicht leiten lassen. Dutzende von Milliarden Mark wurden auf dem Aktienmarkt vernichtet.

Das Misstrauen des »kleinen Mannes« gegen hoch bezahlte Manager, die ihren Führungsaufgaben nicht gerecht werden, kann durch solche Vorfälle nur wachsen. Verunsicherung ist die Folge. Den revolutionären Veränderungen des Arbeitsmarktes aber – der Entwicklung der Produktions- zur Dienstleistungs- und Informationsgesellschaft – fühlen sich viele Menschen geradezu hilflos ausgeliefert. Die Koordinaten ihrer Existenz lösen sich auf.

In Deutschland kommt noch die historisch brisante Situation hinzu, dass zwei Teile des Landes zusammengeführt wurden, die sich vierzig Jahre lang zu gegensätzlichen Ideologien bekannt haben. Der Kommunismus unterlag. Das damit verbundene Wertesystem wurde abgeschrieben, sodass die Bürger der ehemaligen DDR sich zusätzlich entwurzelt fühlen.

Die Umformung der Gesellschaft – und das gilt für alle Industrieländer der westlichen Welt – wird von technischen Neuerungen, die mit dem Computer oder dem Internet zu tun haben, neuerdings auf »Lichtgeschwindigkeit« beschleunigt. Selbst Spezialisten kommen kaum noch mit.

Ein Dreißigjähriger, der eine Internetfirma gegründet hat und sich immer mehr auch der Vorstandsarbeit widmen muss, beherrscht die Technik schon bald nicht mehr so gut wie sein um fünf Jahre jüngerer Angestellter. Nun stellt sich der Dreißigjährige nach einiger Zeit die Frage, was er in seinem Leben noch anfangen soll, da er jetzt ein Unternehmen mit siebzig Mitarbeitern führt, wohlhabend ist und meint, er habe erreicht, wovon manch ein Sechzigjähriger noch träumt.

Da die neue Arbeitswelt immer weniger konkrete Produkte – zum Beispiel Autos – herstellt, sondern sich als Dienstleister des Informationsgewerbes versteht, kann der mit technischen Hilfsmitteln ausgerüstete »Arbeiter« seinen Job überall ausüben. Er muss immer seltener in eine Büro- oder Produktionsgemeinschaft, unterliegt damit aber auch immer seltener dem Einfluss, den eine Gemeinschaft ausübt. Er verzichtet sozusagen auf ein soziales Korsett.

In Zukunft wird auch keiner mehr einen Job sein Leben lang ausüben. Kinder werden nicht mehr auf einen Beruf hin erzogen, sondern auf ein Überleben im Berufsalltag mit sich ständig ändernden Anforderungen. Innerhalb der heranwachsenden Generationen entsteht eine vom Gemeinschaftsdenken losgelöste »Wertediskussion«, die auf der »Tugend der Orientierungslosigkeit«[14] basiert. Das »gute« Leben wird zum »individualistischen Projekt« erklärt, das auf der »Tagesordnung von Millionen weit über dem selbstlosen Dienst an der Gemeinschaft« steht. »Ein Zurück ist weder in Sicht noch … überhaupt wünschenswert.« Das legen traditionell denkende Bürger als Egoismus aus, der die Rücksichtslosigkeit zum Garanten für den persönlichen Erfolg macht.

Aus der Angst wächst der eigene Wunsch nach einer Neubelebung ethischer Werte in der Gesellschaft. Eine Auseinandersetzung über die ethische Lenkung gesellschaftlicher Veränderungen erscheint überfällig.

»Nur wenige haben jedoch klare Vorstellungen davon, wie eine solche Ausrichtung der Gesellschaft gelingen könnte«, schreibt Renate Köcher. »Gefangen in der Vorstellung einer durch Individualisierung atomisierten und nicht mehr in ihrem Wertebestand beeinflussbaren Gesellschaft, wurde aufgehört, darüber nachzudenken, was man fördern und was man zurückdrängen will.«[15]

Dass sie in der Gesellschaft eine Menge Einflussmöglichkeiten haben, mag vielen Bürgern fremd sein. Mangelnde Information veranlasst sie, sich zurückzuhalten. Dennoch sollten sie Mut haben und lernen, dass jeder die Entwicklung von Wertevorstellungen durch sein eigenes Verhalten beeinflussen kann. Er muss nur wissen, wann, wie und warum es Zeit ist zu handeln.

Bürger ohne Orientierung

Verabreden sich Freunde zu einem Spaziergang oder einer Wanderung, so nehmen sie sich im Allgemeinen ein Ziel vor: vielleicht eine Kneipe, in die sie ermattet einfallen können, um den Ausflug gebührend zu feiern. Die Kneipe erreichen sie jedoch nur – und das klingt völlig banal –, wenn sie den Weg kennen und die Orientierung nicht verlieren.

Ähnliches gilt für das Leben in einer modernen Demokratie. Die Bürger und Bürgerinnen finden ihren Weg in der Gesellschaft, wenn sie die Regeln kennen und wenn diese stimmen. Doch daran hapert es immer mehr. Kulturelle und religiöse, politische und familiäre Orientierungsmaßstäbe sind ins Wanken geraten, und das Misstrauen gegenüber dem Funktionieren von Politik, Wirtschaft und Finanzwelt nimmt zu.

Die Ursache dafür ist auf drei wesentliche Entwicklungen zurückzuführen:

- die Subjektivierung von Werten und Normen als Folge einer übermäßigen Individualisierung,
- das Versagen der Politik als bestimmender Wegweiser für die Grundwerte der Gesellschaft,
- die Banalisierung des öffentlichen Gesprächs.

In der Folge vermissen die Bürger ein Gefühl der Zusammengehörigkeit. In der Gesellschaft mangelt es an Gemeinsamkeit, was sich in zahlreichen Regelverstößen äußert: Die Kriminalität nimmt zu, aber auch die Überzeugung innerhalb der sozialen Elite, neue Regeln für das eigene Verhalten aufstellen zu dürfen – Regeln, die bisher nicht erlaubt waren.

Tatsächlich ist dies nichts Neues. Solch eine Krise hat der französische Soziologe Emile Durkheim schon vor mehr als hundert Jahren beschrieben, als er in den achtziger und neunziger Jahren des 19. Jahrhunderts einen Zustand mangelnder sozialer Regelung feststellte (Durkheim nennt dies »Anomie«[16]). Ausgelöst wird eine solche Situation durch tiefe Veränderungen in der Sozialstruktur. Die durch die entstehende Industriegesellschaft eingeführte Arbeitsteilung hatte vor 120 Jahren zu einer grundlegenden Veränderung des Lebens der Menschen und ihrer Beziehungen untereinander geführt. Die Regellosigkeit zeigte sich aber nicht nur in wachsender Kriminalität, sondern erstaunlicherweise ebenso in einer zunehmenden Selbstmordrate.

Als Hauptgrund dafür, dass ein Mensch in seinem Leben keinen Sinn mehr sieht, daran verzweifelt und als Ausweg den Tod sucht, macht Durkheim – und das verwundert nicht – die Verschlechterung der wirtschaftlichen Lebensbedingungen aus. Doch auch bei einer abrupten Verbesserung der wirtschaftlichen Verhältnisse kann die Selbstmordrate hoch bleiben, was Durkheim auf die Auflösung des gesellschaftlichen Regelsystems, verursacht durch den Verlust an kollektiver Orientierung, zurückführt. Durkheim schreibt: »Tiefe Veränderungen sind in sehr kurzer Zeit in der Struktur unserer Gesellschaften eingetreten. Sie haben sich mit einer Geschwindigkeit und in einem Ausmaß vom segmentären Typus befreit, wofür die Geschichte kein anderes Beispiel bietet. Folglich ist die Moral, die diesem Sozialtypus entsprach, zurückgegangen, ohne dass sich die neue genügend rasch entwickelt hat, um den Raum zu erfüllen, den die andere in unserem Bewusstsein leer gelassen hat.«[17]

Solch eine dramatische Reaktion mag verwundern. Aber sie sagt aus, dass der Mensch am Zustand der gestörten Ordnung verzweifeln kann, da er das Gefühl hat, die menschlichen Bedürfnisse würden nicht mehr durch die Gesellschaft geregelt.

Wenn Bezugssysteme sich verändern

Nun haben nicht erst die rasanten technischen Entwicklungen der vergangenen Jahre zu einem dramatischen Wandel im Leben der Generationen geführt. Auch eine nach geschichtlichen Maßstäben ungewöhnlich lange Friedenszeit und ein breit verteilter Wohlstand haben dazu beigetragen.

Bestimmten in den sechziger Jahren des 20. Jahrhunderts noch häufig Herkunft und Milieu das menschliche Dasein, so hat das Zusammenwirken mehrerer Faktoren die Individualisierung sprunghaft beschleunigt. Der Wohlstand und das bereitstehende soziale Netz haben dazu geführt, dass eine Familie nicht ausschließlich auf einen »Ernährer« angewiesen ist. Jugendliche können spätestens ab Studienbeginn über das Bafög von ihren Eltern unabhängig werden. Frauen, die ihren Ehemann nicht mehr ertragen, fallen durch eine von ihnen erwirkte Scheidung weder in einen wirtschaftlichen Abgrund, noch werden sie, wie vor noch nicht allzu langer Zeit, sozial geächtet.

Längst war es nicht mehr üblich, dass der Sohn den Beruf des Vaters übernahm, dass die Familie bei Wahlen jener Partei ihre Stimme gab, für die sie »immer gestimmt« hat. Man fand seine Freunde auch nicht mehr zwingend in der gleichen Kneipe, in der Gewerkschaft, im Kirchenverband, in der Partei, im Rotary-Club ... Die Bildungsexplosion der siebziger Jahre löste die Einzelnen zunehmend aus ihren sozial homogenen Milieus und schwächte damit die kollektiven Bindungen und die von der jeweiligen Gemeinschaft geprägten Wertbezüge. Studierende bekamen die Möglichkeit, nicht nur in Deutschland die Universitäten zu wechseln. Wer dynamisch nach oben strebt, der beginnt heute etwa in Heidelberg, um dann nach Harvard zu gehen und vielleicht im britischen Cambridge seinen Magister zu machen. Die Dynamik des Arbeitsmarktes fördert ganz allgemein die Mobilität. Und so entfernen sich immer mehr Menschen von ihren ursprünglichen Bezugssystemen.

Derlei Veränderungen der Lebensumstände führen automatisch auch zu neuen Regeln. Freilich bedeutet dies noch längst nicht, dass nun die Werte verfallen oder die Gesellschaft über ihren Zustand besorgt sein muss. Denn die neuen Zustände lösen alte Probleme ab – fügen allerdings auch neue hinzu, für die aber neue Regeln erarbeitet werden müssen. Um dies sinnvoll zu tun, ist, wie gesagt, Orientierung notwendig. Denn es wäre falsch, wenn jeder Verhaltensregeln für sich ausdenken und als gültig, ja als »allgemein« gültig, erklären wollte, ohne zu überprüfen, ob diese privaten Regeln auch zum guten Gelingen der Gesellschaft beitragen.

Ein Problem entsteht nämlich dann, wenn sich immer mehr Mitglieder der Gesellschaft gedanklich so aus dem System der Gesellschaft entfernen, dass sie sich dem Einfluss des Regelwerks entziehen. Denn zum Funktionieren einer Gesellschaft gehört nicht nur die Existenz eines Regelwerks, sondern wichtig ist auch der Bestand jener Elemente, die dazu dienen, das Regelwerk aufrecht zu erhalten. Und diese gemeinschaftsbildenden Kräfte heißen:

- Autorität und Druck,
- Gewissen und Scham,
- Pflicht und Einsicht.

Sie werden erst über soziale Einbindungen des Einzelnen und über Interaktionen innerhalb der Gruppe, in der sich die jeweilige Person bewegt, bekräftigt und in ihrer Orientierungsfunktion wirksam. Über die Dynamik der Gruppe wird dem Einzelnen immer wieder vermittelt, dass die Regeln, an die sich alle halten sollten, objektiv gelten und nicht subjektiv umgedeutet werden können, wenn es dem einen oder anderen so gefällt. Die Subjektivierung von Werten nimmt aber überhand in einer Gesellschaft, die ihre Orientierung verliert. Und damit beginnen die Probleme.

Der Einzelne und die Gemeinschaft

»Moral und Werte sind Privatangelegenheit, der Zwang, sich eine umfassende ethische Ordnung – mit womöglich transzendentalen Wurzeln – zu geben, entfällt.«[18] So steht es in dem Buch, das sich ganz zeitgemäß »Die Tugend der Orientierungslosigkeit« nennt und das Denken des extremen Individualisten beschreibt. Es sei kein Werteverfall, sondern lediglich eine Werteverschiebung, wenn eine Gesellschaft ohne einen »umfassenden Begriff von gegenseitiger Verpflichtung und Solidarität« auskommt, argumentieren die Autoren Johannes Goebel und Christoph Clermont; auch werde eine solche Gesellschaft weder unmenschlicher noch härter sein. »Im Gegenteil: Nur die Vielfalt und Widersprüchlichkeit von Einstellungen und Selbstbezügen bilden das Fundament, auf dem das Gebäude der Zivilgesellschaft dauerhaft und stabil stehen kann.« Sie stellen das individualistische Projekt des guten Lebens weit über den Dienst an der Gemeinschaft. Das gute Leben wird zu einer Frage der Identität, in der die Ästhetik die Moral abgelöst hat. Und der Lebensästhet fühlt sich nur seinem persönlichen »Lebensgebäude und nicht gesamtgesellschaftlichen Vorstellungen gegenüber verpflichtet«.

Allerdings gibt der individualistische Lebensästhet zu, dass er die liberale, demokratische Gesellschaft zum Erhalt seines Lebensreichs benötigt. »Das Attribut der Politikverdrossenheit beschreibt so nur die Toleranzschwelle der Lebensästheten. Sie verhalten sich ruhig, solange die eigene Souveränität nicht in Gefahr scheint. Wittern sie jedoch eine Bedrohung dieses zivilgesellschaftlichen ›Konsens‹, versammeln sie sich zu Hunderttausenden auf den Straßen und halten Mahnwachen ab, ziehen gegen den Castor ins Feld oder boykottieren gentechnisch veränderte Lebensmittel.« Entscheidend, so die Autoren, sei weniger das konkrete politische Anliegen als das Gefühl, ihr durch die Menschenrechte abgegrenzter Freiraum werde bedroht. Der Individualist zeigt sich dabei als Egoist, ja als Schmarotzer der Gesellschaft – ohne es selbst zu wissen: »Solange er sich auf das Funktionieren der Institutionen verlassen kann, braucht er auch keine Moral, die sich auf öffentliche Angelegenheiten bezieht.« Das bedeute aber nicht, dass der Lebensästhet amoralisch wäre, weil er sich von der öffentlichen Moral distanziert, sondern er baut sich sein eigenes Moralgebäude auf. Daraus entsteht angeblich eine große Anzahl unterschiedlicher Moralgebäude. Allerdings mangele es an der »einen, großen, allgemein verbindlichen Ethik«.

So spricht, wer sich ausschließlich für sein individuelles Dasein interessiert und es »moralisch« tapeziert, weil er den gesellschaftlichen Druck dazu verspürt. Wer allerdings nur Regeln für sich selbst bastelt und davon ausgeht, dass auch andere nur private Regeln aufstellen, der kann nicht erwarten, dass seine Regeln von anderen respektiert werden. So heißt es in »Die Tugend der Orientierungslosigkeit«, da der Einzelne akzeptiere, wenn auch nur zähneknirschend, dass er die Werte der anderen kaum beeinflussen könne, verbitte er sich die Einmischung in seine eigenen inneren Angelegenheiten. So kann nur ein Orientierungsloser sprechen. Moral und Ethik gründen darauf, dass sie in Bezug auf die Gemeinschaft gelten: nur auf das Gemeinwohl gerichtet.

Es scheint notwendig, zur allgemeinen Orientierung an die Grundgedanken des Entstehens moralischer Regeln zu erinnern. Obwohl verschiedene Gesellschaften das Zusammenleben ihrer Bürger und Bürgerinnen auf Grund unterschiedlicher Kultur und Religion, Geschichte und Zivilisation nach jeweils unterschiedlichen Werten einrichten, befolgen fast alle jenen Grundsatz, der die Goldene Regel genannt wird. Sie wird positiv wie auch negativ formuliert: »Was du nicht willst, dass man dir tu, das füg auch keinem andern zu.« Und: »Behandle andere so, wie du auch von ihnen behandelt werden möchtest.«

Bereits da entsteht ein Widerspruch zum Denken eines Lebensästheten, der die Goldene Regel sicherlich unterschreiben wird. Aber damit tritt er auch schon aus seinem Gebäude von Eigenbrötelei hervor und begibt sich in eine Regelgemeinschaft. Denn außer Robinson auf seiner Insel lebt kein Mensch allein. Wenn zwei Personen aufeinander treffen, besteht die Notwendigkeit eines geregelten Umgangs. Und solche Regeln entwickeln sich automatisch mit dem Entstehen von Gemeinschaften, weshalb der Gedanke, der der Goldenen Regel zu Grunde liegt, in voneinander völlig unabhängigen Kulturen zur selben Zeit entstanden ist. Er kommt sowohl bei Konfuzius vor als auch bei den Sieben Weisen (vor allem bei Thales von Milet), im indischen Nationalepos »Mahabharata« wie im Alten (Tobias 4,16) und im Neuen Testament (Matthäus 7,12).

Die Goldene Regel hat nur einen Schönheitsfehler. Sie ist zu ungenau. Als Beleg für ihre Unzulänglichkeit wird gern ein abstruses Beispiel angegeben: Wenn der Masochist andere so behandelt, wie er behandelt werden möchte, dann müsste er seine Mitmenschen quälen.

Genauer ist Immanuel Kants kategorischer Imperativ, der in seiner ersten Form heißt: »Handle nur nach derjenigen Maxime, durch die du zugleich wollen kannst, dass sie ein allgemeines Gesetz werde.«

Dieser Maßstab widerspricht grundsätzlich dem Denken des Individualisten, der die Orientierungslosigkeit zur Tugend erhebt und nur das zur Maxime erklärt, was sein privates Gesetz sein soll. Auch Kant war nicht so engstirnig, als dass er nicht erkannt hätte, wie schwach der Mensch ist, der häufig lieber seinen Affekten und Gefühlen folgt, als so zu handeln, dass daraus ein allgemein gültiges Gesetz werden könnte. Darum schreibt Kant auch: »Wenn wir nun auf uns selbst bei jeder Übertretung einer Pflicht Acht haben, so finden wir, dass wir wirklich nicht wollen, es solle unsere Maxime ein allgemeines Gesetz werden, das ist uns unmöglich, sondern das Gegenteil derselben soll vielmehr allgemein ein Gesetz bleiben; nur nehmen wir uns die Freiheit, für uns (oder auch nur für diesmal) zum Vorteil unserer Neigung davon eine Ausnahme zu machen.«[19]

Diesen Unterschied macht der Individualist nicht mehr, denn er sagt ja: »Das gute Leben ist eher eine Frage der Identität als der Aktivität. Es kommt auf den Glauben an, nicht auf die Werke.«[20] Der Individualist legt Wert auf »das gute Leben« und meint damit seines. In der für eine Gemeinschaft gültigen Ethik definiert Kant »gut« als eine Frucht der Vernunft (nicht des Glaubens oder – wie es der Individualist wahrscheinlich eher sieht – des Wohlgefühls): Praktisch gut ist, was objektiv den Willen bestimmt, aus Gründen, die für jeden vernünftigen Menschen gültig sind.

Nun klingen Kants Überlegungen überzeugend, doch in der gesellschaftlichen Praxis stellen sich sofort zahlreiche Fragen. Ist der Mensch ein von der Vernunft geleitetes Wesen? Wenn ja, kommen alle, wenn sie Vernunft anwenden, zu gleichen Ergebnissen? Die gegenwärtige Entwicklung im Zeichen des Individuums und der orientierungslos werdenden Gesellschaft sagt: nein. Des einen Menschen Vernunft ist so schwach ausgebildet, wie des anderen Menschen Wille schwach ist, was bei beiden zu moralischem Versagen führen kann.

Der Mensch wird weder »gut« noch »vernünftig« geboren. Allerdings unterscheidet er sich von anderen Lebewesen dadurch, dass er mit der Befähigung zur Vernunft auf die Welt kommt, woraus sich seine Würde ableitet. Die Vernunft muss ausgebildet werden, und dies geschieht dadurch, dass dem jungen Menschen Orientierung gegeben wird. Die Gesellschaft, in der er aufwächst, sollte ihn mit den Werten und Tugenden vertraut machen, die sein Streben und Handeln so beeinflussen sollen, dass er im Idealfall ein Mensch wird, der den kategorischen Imperativ – oder wenigstens die Goldene Regel – versteht. Regeln zeigen allerdings nur dann Wirkung, wenn sie einerseits Achtung erfordern und andererseits auch über eine positive, motivierende Wirkung verfügen.

Wenn eine Gesellschaft aber ihre Orientierung verliert und es Werten und Tugenden nicht mehr gelingt, die individuellen Wünsche zu zügeln, dann kann sie die Einhaltung ihrer eigenen Regeln nicht mehr durchsetzen. Dies führt zu einem Verlust an Vertrauen der Mitglieder der Gesellschaft in ihre Regeln und schafft das Risiko, dass Individuen beginnen, bisher als ethisch anerkannte Normen abzuwägen und nach ihrem Zweck für den eigenen Nutzen einzuschätzen.

Wird der Zweck des Handelns begründet, weil man an einen Gegenwert denkt, so verlässt man den Bereich der ethischen Regeln und kehrt zurück auf den nüchternen Boden des Warenaustauschs, also zur materiellen Bewertung. Da der Wert in der Ethik jedoch im übertragenen Sinn verwendet wird, bezieht er sich nicht auf Sachen, sondern auf den Menschen selbst. Der Mensch aber ist keine messbare Größe. Die Frage »Was ist es wert, wenn ich so oder so handle?« ist bei Tauschgeschäften erlaubt, nicht aber in der Ethik.

Unsere Zeit des wirtschaftlichen Umbruchs ähnelt, wie bereits erwähnt, jener, die Emile Durkheim gegen Ende des 19. Jahrhunderts untersucht hat. Wie er die Ursache für die soziale Regellosigkeit in der rasend schnellen Veränderung der Arbeits- und Industriewelt sah, so erkennen Soziologen heute die Quelle für die Mängel der Regulation in der Welt des Handels und der Industrie. Wie Durkheim damals von einer »fieberhaften Betriebsamkeit« und der »Entfesslung der Begierden« in diesem Bereich sprach, so gehen Angst und Orientierungslosigkeit zu Beginn des 21. Jahrhunderts von parallelen Entwicklungen aus.

Das beste Beispiel mag der Wahn sein, mit dem der Wert von Internetunternehmen über die Börse in Schwindel erregende Höhen getrieben wurde. Vorgebliche Milliardengewinne entfesselten Begierden, die mit der Wirklichkeit aber nichts gemein hatten. Tausende von Aktionären steckten ihr Geld in wie Giftpilze aus dem Boden schießende Firmen.

Wer genau hinschaut, wird feststellen, dass hier plötzlich neue Regeln aufgestellt wurden: Betrug wurde zum Gesellschaftsspiel und hieß nur noch Risiko. Große und angeblich seriöse Banken brachten immer neue Aktiengesellschaften an die Börse und sahen darüber hinweg, wenn der Wert, zu dem die Gesellschaften verkauft wurden, durch nichts gerechtfertigt war.

Ähnlich entfesselte der Begriff »Shareholder-Value« die Begierden. So mancher Manager machte sich auf, mit der Begründung »Globalisierung« ein amerikanisches Unternehmen zu schlucken, um angeblich den Aktionsradius und die Rentabilität seiner Firma zu erhöhen; tatsächlich hatte er jedoch die enorm hohen Gehälter amerikanischer Vorstandsmitglieder im Blick, gegen die deutsche Chefs sich wie arme Verwandte ausnehmen. Auch unter diesem Gesichtspunkt kann man den Zusammenschluss von Daimler und Chrysler betrachten, der zu einer – am Aktienwert gemessen – Kapitalvernichtung von rund siebzig Milliarden Mark geführt hat und zu enormen Gehaltserhöhungen derer, die sie verursachten.

Das mag ein Regelverstoß sein – ohne irgendwelche Folgen. Denn die Regeln der Gesellschaft teilen sich auf in solche, die als rein moralische Werte und Tugenden im vorgesetzlichen Raum gelten und nicht an staatliche Sanktionen gebunden sind, und in solche, die sich zu Gesetzen entwickelt haben. Aber Verstöße gegen moralische Regeln können auch bestraft werden, und zwar von der Gemeinschaft. Doch manche sozialen Abläufe haben viele Menschen so verinnerlicht, dass sie ihnen kaum noch als Strafen auffallen, weil sie als eine völlig natürliche Reaktion auf einen Moralverstoß empfunden werden.

Im fernen Kanada lebt die ursprünglich aus deutschen Landen stammende Gemeinde der Hutterer, etwa 20000 Menschen, die sich in Dorfgemeinschaften, einer Art biblischer Kommune, organisieren. Niemand besitzt viel; alle arbeiten, essen und leben gemeinsam. Wer dort gegen Regeln verstößt, der wird bestraft. Der Ältestenrat setzt sich in der Kirche zusammen und beschließt in leichten Fällen, dass zwei Tage oder gar eine Woche lang niemand mit dem Übeltäter reden darf. Solch eine Strafe mag banal klingen, aber sie zeigt Wirkung, denn der Bestrafte schämt sich, weil er diese zwei Tage lang durch das Schweigen aller an seinen Regelverstoß erinnert wird. In ganz harten Fällen droht der Bann. Man wird für eine gewisse Zeit aus der Dorfgemeinschaft ausgeschlossen. Vielleicht ließe sich von der sanften Gewalt der Hutterer für den Umgang mit Lebensästheten, Egoisten und Schmarotzern etwas lernen.

Kapitel 2

Grundwerte und »Allgemeines Sittengesetz«
Über Spielregeln im öffentlichen Bereich

Das Risiko-Kosten-Kalkül

Wenn nun die Gesellschaft auf Grund der zunehmenden Individualisierung und fortschreitenden Rationalisierung nicht mehr weiß, woran sie sich orientieren kann, welches Handeln noch als gut, welches als nicht mehr gut zu empfinden ist, dann verlieren die Regeln an Durchsetzungsvermögen. Im vorgesetzlichen Raum entwickelt sich eine Wertekrise, im gesetzlichen Raum nehmen die Straftaten zu. Und tatsächlich deuten wissenschaftliche Untersuchungen darauf hin, dass durch die rasante Modernisierung eine Orientierungslosigkeit entstanden ist, in der viele nur noch zweckrational entscheiden und sich nach Nützlichkeitsmaßstäben richten. Dies hat zu einem deutlichen Anstieg der Kriminalität geführt: »Die Ausbreitung der marktwirtschaftlichen Rationalität untergräbt gewissermaßen ihre gesellschaftlichen Voraussetzungen, da Konformität oder Abweichung in zunehmendem Maße von dem Ergebnis eines Risiko-Nutzen-Kalküls abhängig gemacht wird. Eine hedonistische Orientierung an den individuellen Bedürfnissen wird vorrangig, und die ›externen‹ Kosten des eigenen Handelns im Sinn negativer Auswirkungen auf die soziale Umwelt werden ausgeblendet. Kriminalität wird dann eher als moralneutrales Betriebsrisiko betrachtet.«[1]

Der Versicherungsbetrug ist seit Jahrzehnten ein Gesellschaftsspiel, an dem sich viele brave Bürger beteiligen. Es sei nur an die Studie der Nürnberger Gesellschaft für Konsumforschung erinnert, wonach jeder vierte seine Privathaftpflicht schon einmal betrogen hat. Und das Freiburger Max-Planck-Institut fand heraus, dass Versicherungsbetrüger häufig über Abitur und weiterführende Ausbildung verfügen – die kaufmännischen Berufe sollen bei Mauscheleien sogar besonders häufig vertreten sein. Oder wie selbstsüchtig verhalten sich Unternehmer in der stets klagenden Bauwirtschaft: Dort hat die Schwarzarbeit drastisch zugenommen. Ähnliches gilt für das Taxigewerbe.

Die Staatssekretärin im Bundesfinanzministerium, Barbara Hendricks, meint, die Praktiken seien nicht mehr weit vom organisierten Drogen- und Waffenhandel entfernt, sie hätten »mafiöse Strukturen«. Der Umsatz durch Schwarzarbeit wurde für das Jahr 2000 auf 640 Milliarden Mark geschätzt. Immerhin verhängten die Behörden Bußgeldbescheide über 325 Millionen Mark.

Banken hatten es sich angewöhnt, ihre »guten« Kunden zum Steuerbetrug aufzufordern. Durch die extrem hohe Besteuerung, die inzwischen sogar vom Bundesverfassungsgericht als zu hoch bezeichnet worden ist, hat sich bei Wohlhabenden die Meinung gebildet, die Umgehung der Steuer sei eine Art Notwehr. Man versetze sich in die Situation eines Bankkunden, der immer von derselben »vertrauenswürdigen« Person bedient und seit Jahren gut beraten wird. Wenn dieser Bankangestellte nun vorschlägt, Steuern nicht nur durch Abschreibungen zu sparen, sondern Gelder durch Überweisung ins Ausland zu verstecken, damit sie in der Steuererklärung nicht mehr aufscheinen, dann wird sich so manch einer sagen: Verboten mag es sein, aber die vorgeschlagene Steuerhinterziehung erfüllt ihren Zweck (wenn damit vielleicht 100 000 Mark an Steuern entfallen). Und wenn schon der Bankangestellte diesen Regelverstoß vorschlägt, dann wird es nicht so schlimm sein – höchstens ein Kavaliersdelikt. Bei der Abwägung zwischen Risiko und Nutzen überwiegen die entfesselten Begierden. Wenn's auffliegt, war es halt Betriebsrisiko, und man kommt allemal mit einer Geldstrafe davon.

Aufgeflogen sind solche Vorgänge zu Hunderten. Es gab auch staatliche Strafen, aber gesellschaftlich wurde der Regelverstoß nicht geahndet: Es war eben nur ein Kavaliersdelikt. Wie wenig Durchsetzungskraft diese Normen noch besitzen, zeigt sich darin, dass sogar der ehemalige niedersächsische Finanzminister und spätere CDU-Schatzmeister Walter Leisler Kiep eine nicht vollständige Steuererklärung abgegeben hat und sich damit herausreden wollte, er habe da etwas übersehen. Übersehen hat Kiep auch eine Million Mark, die er auf einem seiner Konten fand und dann an die CDU überwies, weil sie der vermutlich gehörten! Doch das kann man einem Mann, der einst für Steuern politisch zuständig war, nur schwer abnehmen.

In die Kategorie »Nicht die Gesellschaft bestimmt, sondern ich bestimme meine eigenen Regeln« ist auch das Gebaren des ehemaligen Bundeskanzlers und CDU-Vorsitzenden Helmut Kohl einzuordnen. Mit rund zwei Millionen Mark auf schwarzen Konten hat er gegen das Gesetz zur Finanzierung der Parteien verstoßen, das er selbst maßgeblich mitgestaltet und verabschiedet hat. Aber Kohl hat, als die Sache aufflog, weiter darauf beharrt, dass er sein Ehrenwort gegeben habe, die Spender nicht zu nennen. Demnach rangieren seine privaten Regeln vor den gesellschaftlich beschlossenen Normen. Er verhält sich damit so wie die Individualisten, die sich Lebensästheten nennen und die Tugend der Orientierungslosigkeit predigen. Gewiss hat die Gesellschaft ob des Verstoßes reagiert: Kohl musste den gerade erst erworbenen Ehrenvorsitz seiner Partei wieder niederlegen und wurde – wie bei den Hutterern – von vielen Leuten gemieden. Wochenlang betrat er das Plenum des Bundestags nicht, so als hätte der Ältestenrat sich in der Kirche zusammengesetzt und eine lange Schweigezeit beschlossen.

Als Vorbild hat Helmut Kohl damit versagt. Und manche Bürger nahmen sein Verhalten zum Anlass für einen scherzhaften Versuch, sich staatlichen Strafen zu entziehen. Eine Frankfurterin, die einen Strafzettel wegen einer kleinen Ordnungswidrigkeit erhalten hatte, gab gegenüber dem Ordnungsamt an, nicht sie selbst, sondern eine ehrenwerte Freundin habe ihren Wagen ausgeliehen und die Verkehrssünde begangen. Aber sie habe, wie das ja jetzt auch in der Politik üblich sei, ihr Ehrenwort gegeben, die Freundin nicht zu verpetzen. Das Ordnungsamt ließ sich nicht einmal durch den Hinweis erweichen, die befreundete Sünderin habe sich bereits vielfältig um das Gemeinwohl verdient gemacht. Die Autofahrerin musste zahlen.

Auch Kohls Verstoß gegen das Parteiengesetz wurde geahndet: Die CDU musste eine hohe Strafe zahlen. (Das Geld dazu hat Kohl zum Teil selbst aufgebracht, zum weitaus größeren Teil durch – steuerlich nicht absetzbare – Spenden eingesammelt.) Doch kam es schließlich zu einer erstaunlichen richterlichen Entscheidung beim Verwaltungsgericht in Berlin. Die CDU hatte Einspruch erhoben gegen die hohe Strafe, die der Bundestagspräsident wegen falscher Angaben im Bericht über die Parteifinanzen verhängt hatte, und das Verwaltungsgericht hob die Strafe auf mit der Begründung, die CDU habe den Bericht gemäß den Fristen eingereicht. Deshalb dürfe sie nicht belangt werden. Ob die Angaben in dem Bericht richtig seien oder nicht, das sei gleichgültig. Diese Entscheidung mag juristisch richtig sein. Wird sie – was noch vom Bundesverfassungsgericht überprüft werden muss – tatsächlich bestätigt, dann zeigt dies, mit welch unglaublicher Chuzpe der Gesetzgeber, also alle Parteien im Bundestag, die der Norm in dieser Form zugestimmt haben, die Bürger im Land für dumm erklärt. Denn wenn es tatsächlich so sein sollte, dass ein Gesetz zur Regelung der Parteienfinanzierung besagt: Es ist nicht wichtig, ob die gesetzlichen Regeln inhaltlich eingehalten werden, wichtig ist nur die Einhaltung der Fristen, dann muss sich jeder Steuerzahler fragen, weshalb der Inhalt seiner Steuererklärung geprüft wird, solange er die Frist zur Abgabe einhält.

Im Klartext: Wenn die Parteien ein sie betreffendes Gesetz so ausarbeiten und beschließen, dass sie davon inhaltlich nicht betroffen sind, dann haben sie im Bundestag den Wähler betrogen. Dann haben die Parteien für sich wie individualistische Lebensästheten »privat« Regeln geschaffen, die sie ihren Wählern jedoch nicht zubilligen. Das wäre nicht das erste Mal: Wir sollten nicht vergessen, dass Bundestagsabgeordnete aller Parteien schon einmal versucht haben, mit Hilfe einer Amnestie Politiker zu entlasten, die eine gesetzwidrige Parteienfinanzierung betrieben und andere dazu verleitet hatten.

Politik als Infotainment

»Ein Politiker ist ein Müsliriegel, und ein politisches Programm ist ein Waschmittel: Sie sind Marken«, meint Professor Sebastian Turner, Geschäftsführer der Werbeagentur Scholz & Friends Berlin und Vorstandssprecher des Art Director Club.[2] Der französische Werbepapst Jacques Séguéla, der in den siebziger Jahren für Valéry Giscard d'Estaing und in den achtziger für François Mitterrand Wahlwerbung entwarf, macht allerdings einen Unterschied zwischen PR für einen Politiker und Werbung für ein Waschmittel: »Seife spricht nicht!« Und das kann von Vorteil sein. Denn wenn ein Politiker gegen die Gesetze der Kommunikation verstößt, die für Seifenreklame gelten, dann wird er hart bestraft – wie CDU-Generalsekretär Laurenz Meyer wegen des Verbrecherplakats mit Gerhard Schröder.

Da Waschmittel weitgehend gleich sind, kommt es beim Kampf um die Marktanteile auf die Verpackung an. Und da auch in der Politik die Inhalte immer austauschbarer werden, verlagert sich die politische Auseinandersetzung auf das Äußere. Damit trägt sie zur Desorientierung der Gesellschaft bei. Denn die Rolle der Politik ist es, als bestimmender Wegweiser für die Grundwerte einer Gesellschaft zu dienen. Im Grundgesetz steht, die politischen Parteien wirken an der politischen Meinungsbildung mit und erhalten dafür vom Steuerzahler Millionensummen.

Die Ausgangslage allen politischen Denkens ist in Artikel I des Grundgesetzes festgelegt: »Die Würde des Menschen ist unantastbar.« Im folgenden Artikel wird das »allgemeine Sittengesetz« als Regel festgeschrieben, die für alle die Grenzen der Freiheit formuliert. Allerdings ist der Inhalt, sind die Gebote und Verbote, die sich aus dem allgemeinen Sittengesetz ergeben, nicht präzisiert. Es ist Aufgabe der Politik, die daraus resultierenden Grundwerte zu definieren. Und da es auf Grund von Glauben und Wissen, von kulturellen und zivilisatorischen Prägungen unterschiedliche Auslegungen der ethischen Werte – und ihrer Rangfolge – gibt, können Politiker zu verschiedenen Urteilen gelangen.

Seit einigen Jahren verzichten Politiker weitgehend auf inhaltliche Vorgaben und den gesunden Streit um Grundwerte, weil sie festgestellt haben, dass damit in einer sich atomisierenden Gesellschaft keine Wahlen zu gewinnen sind. Auch Inhalte mobilisieren und verbinden nicht mehr. Stattdessen betreiben die Politiker zunehmend politisches Kabarett.

»Ein Vortrag von Möllemann hat den Unterhaltungswert einer Comedy-Show«, steht in einer Reportage mit dem Titel »Wie viel Schauspielerei verträgt die Politik?«[3] Darin wird geschildert, wie Möllemann sich im Wahlkampf in Schleswig-Holstein aufführte.

Vor den Studenten der Fachhochschule in Flensburg wurde er gefragt, ob er ein glaubwürdiger und ehrlicher Politiker sei, woraufhin er zögernd mit »Joooo …« antwortete und eine Anekdote erzählte. »1991, wenige Tage nach meinem Amtsantritt als Wirtschaftsminister – kaum dass sich der Jubel darüber gelegt hatte –, hielt ich eine Rede im Ruhrgebiet. Ich wetterte gegen die Subventionierung des Kohlebergbaus. Die Kumpel waren so begeistert, dass sie mir Blumen zuwarfen, an denen noch die Pötte hingen.« Die Stimmung unter den Studenten konnte nicht besser sein.

Möllemann erklärt: »Mein Freund Wolfgang Kubicki und ich haben uns ganz bewusst für Infotainment als Wahlkampfsystem entschieden.« Mit einem Blick in die Nachbarländer, wo die liberalen Parteien bei Wahlen in Belgien, Dänemark oder Holland um die dreißig Prozent erhalten, stellt er fest: »Dabei sagen die nichts anderes als wir. Da es also nichts mit der Sache zu tun hat, muss es am Führungspersonal und an der Verkaufsstrategie liegen.«

Und die Verkaufsstrategie will er ändern, indem er ganz bewusst gegen Regeln verstößt: »Diese Regelbrüche sind Absicht. Der Sinn meiner Methode ist doch, dass diejenigen, die die Regeln einhalten, sich über unseren Regelbruch aufregen. Nur so erreichen wir die nötige Aufmerksamkeit. Ohne die

Aufregung der anderen wäre alles sinnlos ... Schließlich kämpfen wir gegen eine irrsinnige Flut von Informationen. Will man da nicht untergehen, darf man keine drögen Sprüche machen.«

Der Kampf um die politische Macht folgt auch hier dem Trend der Individualisierung. Möllemann macht sich, wie so viele aus dem politischen Gewerbe, keine Gedanken darüber, ob der Regelbruch der Entwicklung der Gesellschaft schaden könne, da er zur Desorientierung beiträgt. Wichtig ist nur noch das Prinzip: Ich bastele mir meine eigenen Regeln, von denen ich glaube, dass sie mir zu mehr Erfolg verhelfen als die allgemein anerkannten Regeln der Gesellschaft. Und da geht Möllemann weit. Ganz bewusst macht er den Regelbruch zu seinem Erfolgsrezept und gibt sich damit als Musterbeispiel eines Akteurs in der Ego-Gesellschaft zu erkennen.

Im Gegensatz zur Waschmittelreklame benötigt der Politiker heute jedoch sehr viel weniger Geld für eine Kampagne. Denn es reicht, eine Werbebotschaft so zu platzieren, dass sie zum Gesprächsstoff wird. Als Heiner Geißler noch Generalsekretär der CDU war, brachte er regelmäßig den politischen Gegner provozierende bildliche Vergleiche in Umlauf, die von den Medien aufgegriffen wurden. Geißler war mit seiner Methode so erfolgreich, dass hilflose politische Gegner ihn mit Goebbels verglichen. Allerdings gelingt es nicht jedem, mit einem kurzen Satz die gewünschte positive Aufmerksamkeit zu erzielen. Jürgen Rüttgers Spruch, der zu »Kinder statt Inder« verkürzt wurde, hat der CDU im Wahlkampf von Nordrhein-Westfalen eher geschadet.

Modern ist es, vermeintlich witzige politische Aussagen auf Plakaten der Presse vorzustellen, die dann abgelichtet und in allen Medien gezeigt werden, womit die jeweilige Partei sich das Plakatieren erspart. Auch hier hat nicht jeder Glück: Statt in der Rentenfrage den Mut zu einer grundsätzlichen Auseinandersetzung über Solidarität in der Gesellschaft und den Generationenvertrag aufzubringen, führte der CDU-Generalsekretär jenes Plakat vor, auf dem Bundeskanzler Gerhard Schröder wie in einer Verbrecherkartei abgebildet war. Meyer hatte in dem Moment verloren, in dem sich CDU-Politiker öffentlich gegen das Plakat wandten. Er wurde politisch geprügelt, scheint aber immer noch der Meinung zu sein, dass in einer Mediendemokratie anders nicht Politik gemacht werden könne. Es käme auf einen Versuch an, aber die Angst zu verlieren ist zu groß.

Auch hier gilt das Wort von der »Entfesselung der Begierden«. In der Berichterstattung, so Meyer, regierten Sensationalisierung, Negativierung, Skandalisierung und Ritualisierung; alles müsse greller und geiler werden. Da kann man ihm vorwerfen, dass er selber mitmacht und damit die Sensationalisierung fördert. Aber er glaubt, sich dem nicht entziehen zu können: »Denn natürlich brauchen wir die Medien zur Vermittlung. Aber versuchen Sie doch mal eine differenzierte Meinung in dreizehn bis fünfzehn Sekunden darzulegen.«[4] Denn, so der CDU-Generalsekretär, Politiker müssten ins Fernsehen: »Was nicht im Fernsehen ist, ist nicht mehr.«

Selbst eine umstrittene Aktion – wie sie das Schröder-Plakat war – lässt sich auf der »Erfolgsskala« messen. Meyer gibt an, wegen des Schröder-Motivs fünfzehn bis zwanzig Interviews mehr als sonst gegeben zu haben. Und dabei hätte er dann über die Schwäche der von der Regierung geplanten Rentenreform sprechen können.

Politiker brauchen diese Mätzchen nicht mitzumachen. Aber offenbar wachsen immer mehr Volksvertreter heran, die selbst Kinder der Orientierungslosigkeit sind, die keine Visionen haben und ihr politisches Gewerbe so verstehen, dass sie nur nach der richtigen »Verkaufe« schielen. Einer notwendigen Grundsatzdebatte über die »allgemeinen Sittengesetze« gehen sie aus dem Weg – vielleicht, weil ihnen selbst die Inhalte fremd sind.

Die letzte größere inhaltliche Aufregung verursachte ausgerechnet der als Pragmatiker bezeichnete Bundeskanzler Gerhard Schröder mit dem Schröder/Blair-Papier. Allerdings verpuffte die Auseinandersetzung aus zwei Gründen: Zum einen wurde das Papier strategisch falsch in Umlauf gebracht, nämlich nicht über eine Diskussion in der Partei, sondern über eine Presseveröffentlichung. Zum anderen haben es die wenigsten Leute gelesen. So wurde Blair und Schröder vorgeworfen, die »soziale Gerechtigkeit« vergessen zu haben, obwohl gerade dieser Begriff schon auf der ersten Seite immer wiederkehrte.

Heute wäre es an der Zeit, sich der Frage zu stellen, was die Gesellschaft auseinander treibt. Stattdessen, so klagt der Journalist Jürgen Engert, sind Merkel und Schröder »Conférenciers einer Gesellschaft ohne Orientierung«[5]. Tatsächlich stehen mit diesen Politikern den beiden großen deutschen Volksparteien Persönlichkeiten vor, die über eine ungewöhnliche Gabe der Kommunikation verfügen, aber inhaltlich nicht fixiert werden können. Schröder gilt als pragmatischer »Macher« und ähnelt damit seinem Vorbild Helmut Schmidt; Angela Merkel begeistert nicht nur ihre Anhängerschaft durch Schlagfertigkeit, Witz, Selbstironie.

Nach seiner Wahl zum Bundeskanzler im Herbst 1998 war Gerhard Schröder dem Irrtum verfallen, nun die Kommunikation in der »Spaßgesellschaft« in den Vordergrund stellen zu sollen. Dies führte zu einem Debakel, als die Öffentlichkeit ihn nach seinen ersten hundert Tagen im Amt beurteilte.

Schröder selbst sah den Irrtum schnell ein, als die Kritik nach seinem Auftritt bei »Wetten, dass …?« überhand nahm, und »verschob« eine schon geplante Sendung mit dem Scherzbold Harald Schmidt auf den Sankt Nimmerleinstag. In der öffentlichen Wahrnehmung wendete sich das Blatt für Schröder erst, als er tatkräftig – und ein Risiko eingehend – die Pleite des Baukonzerns Philipp Holzmann verhinderte.

Die Oberflächlichkeit der öffentlichen Meinung ist erstaunlich: Sie möchte unterhalten werden, doch gleichzeitig lehnt sie einen Politiker ab, der Unterhaltung allein bietet. Möllemann ist Spaßmacher, aber mit seinen extremen politischen Forderungen steht er für »etwas«; nicht für Inhalte, aber für den Anspruch auf Macht. Und den verwechseln Bürger schon einmal mit einer Sachaussage.

Gerhard Schröder zeigt Ansätze zum Mut in der Politik. Die Sanierung des Staatshaushalts ist sicherlich nicht populär, doch die Wählerschaft versteht, dass nicht mehr Geld ausgegeben werden kann, als da ist. Aber den Staatshaushalt zu ordnen – und sei er auch noch so überlastet – ist eine pragmatische Maßnahme, wenn sie auch getragen wird von dem Gedanken der Verantwortung der jetzigen – spendablen – Generation für die nachfolgende, die sonst die Schulden tilgen müsste.

Inhaltlich wäre es sinnvoll gewesen, mit der Frage der Finanzen auch die Tugend »Verantwortung« in der Gesellschaft neu zu diskutieren, denn die öffentliche Auseinandersetzung führt zu Klarheit über die Richtlinien des politischen Handelns und senkt somit die Chancen der Populisten. So war es auch ein Fehler von Bundeskanzler Gerhard Schröder, dass er die von ihm ausgelöste »Faulenzerdebatte« nicht fortführte. Schröder hatte gesagt, was jeder denkt, aber sich öffentlich kaum zu äußern traut: Wer zu faul ist zu arbeiten, der soll keinen Anspruch haben auf die Solidarität der Gemeinschaft. Damit rührte Schröder an ein Tabu unter Politikern.

Ein Vortragsredner, der häufig gebeten wird, zum Thema »Wertewandel in der Gesellschaft« zu sprechen, weist in Anwesenheit von Politikern gern auf dieses Tabu hin. Deutsche Arbeitslose, so sagt er (der staatliche Solidarität für diejenigen, die sie benötigen, durchaus bejaht), klagen im Frühjahr stets über Rückenweh, wenn es darum geht, Spargel zu stechen. Tatsächlich kommen in der Zeit der Gemüse- und Obsternte jedes Jahr an die 300000 ausländische Arbeitskräfte nach Deutschland, vor allem aus Polen, aber auch aus Kroatien und Tschechien. Es sind Leute, die in ihren Ländern keineswegs arbeitslos sind, sondern »sie geben ihren Jahresurlaub daran, um in Deutschland etwa 3000 Mark in einer Spargelsaison zu verdienen« wie die *FAZ* zu Zeiten der Faulenzerdebatte schrieb.[6] Aber weil die *FAZ* den sozialdemokratischen Kanzler nicht loben mag, geht sie in ihrem Artikel nicht auf dessen Verdikt ein, das in dem konservativen Blatt an anderer Stelle kritisiert wird. Ähnlich ergeht es dem Vortragsredner. Auch seine Zuhörer bejahen die staatliche Hilfe für alle, die sie benötigen, und stehen denen kritisch gegenüber, die nicht erkennen, dass aus ihren Ansprüchen an die Gemeinschaft auch Pflichten erwachsen. Und da der Redner in seiner Ansprache auch die anwesenden Politiker der Feigheit zieh, weil sie den Missbrauch nicht zu kritisieren wagen, sprechen sie ihn an: Ja, sie seien seiner Meinung, aber sagen könne man das doch nicht, das höre niemand gern.

Nun zeigte gerade die durch Bundeskanzler Schröder ausgelöste Faulenzerdebatte, wie wichtig es wäre, über den gesellschaftlichen Wert der Solidarität zu diskutieren. Die konservative Presse, die gern das Übermaß staatlicher Unterstützung kritisiert, fiel in häufig hämischem Ton über den sozialdemokratischen Regierungschef her. *Die Welt* druckte eine weiße Spalte statt eines Kommentars mit der Begründung, dies sei ein Lob der Faulheit. Das entspricht dem Niveau einer schlechten Schülerzeitung, aber keiner politischen Auseinandersetzung. Denn hinter der Frage, weshalb deutsche Arbeitslose Arbeiten nicht ausführen, für die etwa Polen kommen, die zu Hause Arbeit haben und sich wegen des Verdienstes in Deutschland Urlaub nehmen, stecken grundsätzliche Fragen über Fehler im deutschen Solidarsystem. Und diesen Fehlern kann man leichter zu Leibe rücken, wenn man die Grundsätze analysiert, die die Tugend Solidarität ausmachen.

Ein Pole zum Beispiel kommt nach Deutschland zum Spargelstechen, weil er mit dem Geld, das er damit verdient, zu Hause über einen großen Gegenwert verfügt. Ein deutscher Arbeitsloser sieht keinen Anreiz, weil er vielleicht 600 Mark mehr hätte, als wenn er nichts tut (oder seiner Schwarzarbeit nachgeht). Diejenigen, die nun meinen, es handle sich nicht um Faulenzerei, sondern um mangelnde Motivation, sollten sich überlegen, was Solidarität bedeutet.

Man hat einen Anspruch auf Hilfe, wenn man in Not ist. Dieser Anspruch besteht gegenüber dem Staat. Doch es versteckt sich ein falsches Verständnis von der Rolle der Gemeinschaft hinter der Meinung, ein Staat habe eine Pflicht gegenüber dem Einzelnen – komme, was wolle. Der Staat ist keine autonome, über der Bevölkerung stehende Institution, auf die sich jeder berufen kann, wenn er in Not ist, sondern er ist eine Einrichtung der Gemeinschaft, aus der sich Rechte, aber eben auch Pflichten ergeben. Und wer sich auf das Recht beruft, Hilfe in Anspruch zu nehmen, der muss die Pflicht erfüllen, der Gemeinschaft auch zur Verfügung zu stehen, und sei es als Obstpflücker, Spargelstecher oder Parkarbeiter.

Denn das Geld der Gemeinschaft, das für die Solidarität bereitgestellt wird, wird den einzelnen Mitgliedern der Gesellschaft als Sozialbeitrag vom Lohn abgezogen. Der Solidarität-Empfangende hat dem Solidarität-Gebenden gegenüber eine moralische Verpflichtung. Dies den Bürgern zu vermitteln wäre Aufgabe der Politik, die so manch ein Wähler nicht gern hören würde, aber – die Bürger erhielten wieder Orientierung.

Wo liegt die Schamgrenze?

»Wahnsinn«[7] schrieb die *Welt* in ihrem Feuilleton über eine gezielte Falschmeldung des Theaters Greifswald in Vorpommern. Das in Greifswald und Stralsund ansässige Haus hatte bekannt gegeben, der Pariser Modezar Karl Lagerfeld werde für die Operetten-Inszenierung »Messeschlager Gisela« kostenlos ein Kostüm entwerfen. Doch am Tag darauf entschuldigte sich die Bühne bei den Medien für die Falschmeldung, deren Ziel es gewesen sei, »die Inszenierung mit einer witzigen Geschichte in der Presse zu bewerben und so die Aufmerksamkeit zu erhöhen«.

Aufmerksamkeit zu erregen scheint in einer Zeit der »Spaßgesellschaft« erstes Ziel zu sein. Im *Spiegel-Reporter*, der immerhin so seriös gemacht war, dass er wegen mangelnden Verkaufserfolgs eingestellt werden musste, wurde auch dem Comedy-Idol des Privatfernsehens Platz eingeräumt: Stefan Raab durfte dort schwadronieren, als stecke er noch in der Analphase. »Wenn ich eine Schallplatte befurzen würde, würde ich alles reinlegen und die Platte so gut befurzen, wie noch kein Mensch je eine Schallplatte befurzt hat, und dann wäre sie perfekt befurzt, und ja, dann würde sie sich auch verkaufen.« Comedy bedeutet für Raab, die Schwimmerin Franziska von Almsik zu fragen, ob sie schon mal ins Becken gepinkelt habe, oder er hält älteren Damen auf der Straße gebrauchte Kondome unter die Nase und fragt sie, was das wohl sei. Der Mann verdiene am Wahnsinn, meint *Welt am Sonntag*-Kolumnist und Coiffeur Gerhard Mair.[8] Und das Erstaunliche ist, dass der Wahnsinn in den Medien zunimmt. Aufmerksamkeit wird zum Gebot der Stunde in einer Zeit, in der Aufmerksamkeit Auflage und Quote bedeutet.

Unter dem Titel »Notwehr bei Wahnsinn« klagt Christiane Kögel: »Es gibt viele Möglichkeiten, sich, wie es die Wächter über Sitte und Moral nennen, ›sozialethisch desorientieren‹ zu lassen; eine davon ist mit Sicherheit das Fernsehen.«[9]

Und in der Tat: Wahnsinn scheint zu sein, was täglich im Fernsehen Aufmerksamkeit erheischt. Die RTL-Sendung »Sabrina« rief mit der Diskussionsrunde »Ich geh in den Puff – na und?« die Jugendschützer der Landesmedienanstalten auf den Plan; es wurde eine Empfehlung für Maßnahmen der Rechtsaufsicht ausgesprochen, denn »Prostitution wird verharmlost und als eine lukrative Möglichkeit des Geldverdienens dargestellt«. In der Reality-Soap »Geld für dein Leben« der Vorabendunterhaltung von tm3 entkleidet sich die transsexuelle Tanja zu sakraler Musik. Die Aufsichtsbehörden sehen darin eine »Verquickung von religiösen Symbolen und sexuellem Inhalt«. Aber die Privatsender meinen: »Sexualität, Gewalt, der Umgang mit Minderheiten und extrem belastende Beziehungskonflikte sind Alltagsthemen, an deren Behandlung das Publikum ein starkes Interesse hat«; und deshalb leisteten sie »in ihrer Gesamtheit einen Beitrag zur Wertebildung in der Gesellschaft«.

Die Geschmacklosigkeiten lassen sich kaum noch überbieten. RTL zeigte in »Freitag Nacht News« unter dem Titel »Osteuropa feiert Fasnacht« Originalbilder eines Flüchtlingskonvois im Kosovo – als Karnevalszug. Und RTL ist auch nicht um eine Antwort verlegen, wenn es Vorwürfe hagelt: Man müsse, heißt es dort, die positiven Aspekte des Lernens am negativen Beispiel berücksichtigen.

Man mag solche Beispiele als einmalige Entgleisung abtun. Doch das hieße die Lage verharmlosen. Bei »Big Brother« kann man sich im Falle sinkender Quoten vorstellen, dass irgendwann die Duschtür und die Einzelbetten fehlen. Während nachts Sexfilme gezeigt werden, die gegen das Pornographieverbot des Rundfunkstaatsvertrags laufen, werden Sendungen ins Privatprogramm gehievt, bei denen der Voyeurismus bis zum Exzess bedient wird. Kommt es in »House of Love«, kommt es in »Girlscamp« oder bei »Big Brother« zum realen Geschlechtsverkehr, der zwar von Kameratechnik und Einstellungen her viel weniger explizit wäre als das, was in Sexfilmen zu sehen ist, so wäre der Zuschauer hier Zeuge einer »nicht gespielten« Szene.

Doch beim Sex endet die Phantasie der Programm-Macher ja nicht. In den nächtlichen Action-Filmen wird geschossen und en masse getötet. Trotzdem geht es noch eine Nuance schlimmer: US-Sender stellen immer wieder den Antrag auf Übertragung einer echten Hinrichtung. Fast wäre im Frühjahr 2001 über das Internet eine Exekution weltweit gezeigt worden. Noch halten die Dämme, aber offenbar sinkt die Schamschwelle immer mehr, so dass es nur noch eine Frage der Zeit ist, bis jemand eine Begründung findet, in der öffentlichen Vollstreckung eines Todesurteils moralische Wertebildung zu erkennen.

Es gibt Mittel, gegen solche Sendungen anzugehen. Schließlich leben die Privatsender von Werbeeinnahmen. So hat beispielsweise der 84-jährige Patriarch des Puddingpulvers, Rudolf August Oetker, verfügt, dass seine Backwarenwerbung nicht im Umfeld von »Girlscamp« ausgestrahlt werden darf. »Aus Image-Gründen haben wir schon bei ›Big Brother‹ weitgehend auf Spots verzichtet«, sagte Oetker-Mediaplaner Frank Hoffmann.

Und Pfarrer Ottmar Arnd aus Neunkirchen im Odenwald kam während des Joggens die Idee, dass es Zeit sei zu handeln. Er schlug eine These an die Tür der Pfarrkirche: *»Die Würde des Menschen gerade durch Abschalten einschalten!«* Eine Woche lang sollten die Gläubigen in der Gemeinde die Programmtasten von drei Sendern nicht drücken: RTL, RTL II und SAT.1. Sie waren auf dem Plakat an der Kirchenpforte abgebildet und kreuzweise durchgestrichen. Der Kirchenvorstand war zu der Überzeugung gelangt, dass die Sendungen »Big Brother«, »Girlscamp« und »Ich heirate einen Millionär« die Würde des Menschen beschädigen. Zwar ist die auf fünf Orte verteilte Gemeinde von Pfarrer Ottmar Arnd nicht groß, sie umfasst gerade mal zweitausend Schäfchen, doch innerhalb kurzer Zeit hatte er achthundert Unterschriften von Bürgern, die seinen Boykottaufruf unterstützten. Die lokale Presse nahm den Protest auf, und plötzlich begann die Bevölkerung darüber zu diskutieren, ob das Maß nicht voll sei; denn diese Programme führen zu einem Verschwinden der Scham.

Mit dem Begriff »Scham« ist in diesem Zusammenhang nicht das verbunden, was als sexuelle Verklemmtheit ausgelegt werden könnte. Vielmehr ist damit – im Rahmen des Wirkens von Ethik und Moral – das Bewusstsein gemeint, gegen die Gesetze des »Anstands« zu verstoßen. Scham ist die Bezeichnung einer Empfindung, sich »gegen Zucht und Sitte« vergangen zu haben. Besonders, wenn andere den Fehltritt kennen und beurteilen. Oder wie Kant in der ihm eigenen Sprache meint: »Scham ist Angst aus der besorgten Verachtung einer gegenwärtigen Person.«[10]

Das Prinzip der uneingeschränkten Steigerung in allen Lebensbereichen durchdringt die moderne Gesellschaft immer stärker, was wiederum zu einer »Entzauberung der Welt« führt – so der Ethnologe Hans Peter Duerr: »Jeder neue Individualisierungsschub, der die Bande der Gemeinschaft sprengt, lässt die Sehnsucht nach Bindung tiefer werden. Jedes Scheitern einer Beziehung gebiert neue Träume von romantischer Liebe. Und jeder Schritt in Richtung aufgeklärte Informationsgesellschaft nährt den Wunsch nach einem einfachen und sinnvollen Weltbild. Ebenso verhält es sich auch mit Privatheit und Intimität: Mit dem Sinken der Schamgrenze wächst das Verlangen, endlich das zu sehen, was immer noch verborgen ist.«[11]

Deshalb wird dem Fernsehzuschauer nicht nur der gestylte Busen einer Sex-Schauspielerin angeboten, sondern in Sendungen wie »Big Brother« oder »Girlscamp« werden scheinbar echte Gefühle und »authentische Brüste« eines Durchschnittsmädchens unter der Dusche gezeigt. Das Verschwinden der Privatheit im täglichen Leben fördert den Zerfall der Gemeinschaft, meint Duerr, denn so wie die Menschen den Zugang Fremder zu ihrer Privatsphäre kontrollieren, so beschränken sie in allen Gesellschaften auch den visuellen und taktilen Zugang anderer zu bestimmten Regionen ihrer Körper.

Die Privatheit stärkt die Partnerbindung, und das Paar ist die Keimzelle der Gesellschaft. Doch mit der durch den Verlust der Scham ausgelösten Lockerung von Partnerbindungen nimmt nicht nur die Individualisierung zu, sondern es entsteht auch eine neue Werteskala. Die Scham, die die Privatheit schützte, nimmt ab, während andere Lebensbereiche stärker mit Scham besetzt werden, beispielsweise das Alter, die Armut oder mangelnde Durchsetzungsfähigkeit gegenüber den Interessen anderer Menschen.

Nach dem Motto »Aufmerksamkeit erzeugen ist das erste Gebot« hat der NDR die Ausscheidungsrunde für den Schlagerwettbewerb »Grand Prix de l'Eurovision« in einen riesigen Rummel umgewandelt, bei dem Guildo Horn oder Stefan Raab als Exhibitionisten auftraten, was selbst Schlagersänger Udo Jürgens oder Moderatoren von Hitparaden wie Dieter Thomas Heck zu Kritik veranlasste. Die Sendung, die einst dem populären Schlager gewidmet und in der Zuschauergunst erheblich gesunken war, wurde von ihrem ursprünglichen Inhalt entkernt und mit Klamauk, den die Boulevardpresse heftig unterstützte, einer neuen Aufmerksamkeit zugeführt. Der Effekt ist verblüffend. Zwar bewerten die meisten derjenigen, die die Sendung jetzt verfolgen, sie als »totalen Schrott«, aber selbst gebildete Leute, die einst solch ein Programm nicht eingeschaltet hätten, geben zu, es wegen des öffentlichen Rummels angeschaut zu haben – mit der Begründung, man wolle wissen, was das Volk so aufrege.

Die Banalität nimmt überall zu: Die Trennung des ehemaligen Wimbledon-Siegers Boris Becker von seiner Frau wurde zu einer Meldung von nationaler Bedeutung, was immerhin noch zu heftigen Auseinandersetzungen unter Journalisten und in Redaktionen führte, die den Ansturm des Äußerlichen abwehren wollen. Während die Hauptausgabe der »Tagesschau« und die »Tagesthemen« als einzige Nachrichtensendungen im Fernsehen die Eheprobleme von Politikern und Stars nicht in ihr Programm aufnehmen, wird diese Haltung innerhalb der ARD heftig diskutiert – und auch kritisiert. Selbst das politische, einst aufklärerische Wochenmagazin *Der Spiegel* folgte dem Trend der Zeit, von dem der Verkaufserfolg abhängt, und widmete den Titel einem, es sei zugestanden, exzellenten Foto von Boris Becker und setzte darunter nur das Wort: »Ich«. Die Auflage verkaufte sich hervorragend.

»Das Verhältnis von Sensation und Aufklärung ist neu zu definieren«, meinte daraufhin Arno Widmann, denn Sensation bedeute nichts anderes als Empfindung. Und »die Vorstellung, man könne Verstand und Empfindung trennen und sei dann kein Fall für die Irrenanstalt, ist sicher selbst therapiebedürftig. Eine Zeitung vermittelt, ob sie will oder nicht, Gefühle. Wenn sie das nicht will, wirkt sie antriebs- und interessenlos, kalt. Das aber ist ein Todesurteil.«[12] Und zwar ein Todesurteil am Kiosk.

Wie weit selbst die sich als seriös empfindende Presse die Sucht nach Aufmerksamkeit mitmacht, zeigt der Fall des 150 Kilo schweren Kim Schmitz. Der Mann produziert sich, wo und wie er kann. Auf seiner Homepage im Internet zeigen Bildergalerien Luxusausflüge im Privatjet nach Monaco und eine Karibikkreuzfahrt mit »Teppichluder« Janina Youssefina. (Als Verkäuferin hatte sie in einem Teppichgeschäft angeblich ein Techtelmechtel mit dem Musiker Dieter Bohlen.) Kim Schmitz brachte es bis zu einem vierspaltigen Porträt in der *International Herald Tribune,* nicht nur, weil er als Ex-Hacker angeblich Millionen gemacht hat, sondern weil der unattraktive Fettwanst sich wie ein exhibitionistischer Geldsack darstellt, was Aufmerksamkeit erregt.

Für Genauigkeit und Wahrheit

Die Banalisierung des öffentlichen Gesprächs durch die Bedeutung, die Äußerlichkeiten an erster Stelle und Inhalten erst an zweiter oder gar dritter Position zugemessen wird, hat zu bedenklichen journalistischen Fehlleistungen geführt. Es lässt sich eine Reihe von Fällen darstellen, in denen ein Reizthema die Öffentlichkeit regelrecht »totgeschlagen« hat. So wurde jeder einzelne BSE-Fall zur ersten Nachricht. Als dann aber die Maul- und Klauenseuche Großbritannien überzog und die Gefahr bestand, sie könnte auch in Deutschland ausbrechen, war BSE plötzlich kein »Aufreger«-Thema mehr. Wochenlang haben besonders die elektronischen Medien auf alles geschaut, was »MKS«-verdächtig war. Als Deutschland wider Erwarten verschont blieb, begannen die Redakteure in den Nachrichtenbüros darüber nachzudenken, wie sie das Thema weiter am »Köcheln« halten könnten. So verfielen sie auf die Moderhinke. Das ist eine Krankheit, die Schafe befallen kann, wenn sie zu lange im »Modder« stehen. Und weil Schafe wegen der Maßnahmen gegen MKS nicht transportiert werden durften, drohte nun diese Moderhinke.

Themen wie BSE oder MKS oder auch Genforschung setzen bei Journalisten die Fähigkeit voraus, wissenschaftliche Vorgänge einschätzen zu können. Aber leider ist das journalistische Geschäft so schnelllebig geworden, dass in vielen Redaktionen nur noch nachgelesen wird, was eine Agentur verschickt oder eine andere Zeitung verbreitet hat. Das führt immer häufiger zu Fehlern. So meldete im Dezember 2000 *Die Welt* – parallel zur »heute«-Sendung des ZDF –, das schottische Roslin-Institut, in dem das weltberühmte Schaf Dolly geklont worden ist, habe ein Klon-Huhn namens »Britney« gezüchtet, das Wirkstoffe gegen Krebs produzieren könne. Obwohl man nichts Genaues weiß, will man die Meldung lieber verbreiten, als hinterher der Dumme zu sein, der eine Sensation verschlafen hat. In diesem Fall hat das Institut selbst dementiert. Aber so manch ein Wissenschaftler, so manch eine bio- oder gentechnische Firma hat ein Interesse daran, möglichst viel Aufmerksamkeit auf sich zu ziehen, denn das kann die Aktienkurse hoch treiben oder Investitionsgelder anlocken.

Wenn die Aufmerksamkeit der Öffentlichkeit wichtiger ist als der Inhalt, führt dies logischerweise zu Orientierungslosigkeit: bei den Bürgern wie bei Politikern. Bis hin zum Bundeskanzler kann das gehen. Als in dem sächsischen Ort Sebnitz drei junge Menschen verhaftet wurden, weil sie möglicherweise den Tod des kleinen Joseph in einem Schwimmbad zu verantworten hatten, brannten die Sicherungen in einem großen Teil der Öffentlichkeit durch – nicht nur der Presse. Auch Politiker ließen sich mitreißen. Ministerpräsident Kurt Biedenkopf eilte zu einer Pressekonferenz. Gerhard Schröder traf sich mit der Mutter des verstorbenen Jungen. Und all das wurde von den Journalisten wiederum als Beweis dafür gewertet, dass es sich hier um ein Verbrechen handle, das man habe verschweigen wollen.

Die Kombination verschiedener Faktoren führte zu einer falschen Deutung des Geschehens: Der Rechtsradikalismus war in der Öffentlichkeit durch vorangegangene Ereignisse stark thematisiert worden. Und in der Berichterstattung war immer wieder das Augenmerk darauf gelenkt worden, dass besonders in den ostdeutschen Ländern die Gefahr rechtsextremer Gewalt sehr ausgeprägt sei, was durch zahlreiche Fälle untermauert wurde. Dadurch erhielten die Meldungen aus Sebnitz eine hohe Wahrscheinlichkeit. Nun kamen noch zwei weitere Faktoren hinzu, die der vermeintlichen Geschichte ein besonderes Gewicht und eine ungewöhnliche Dimension gaben: Der Tod des kleinen Jungen führte zu einer leicht verständlichen Personalisierung, und der angebliche Mord, den Dutzende von Bürgern beobachtet haben sollten, die nun schwiegen, verlieh dem Fall eine große Aufmerksamkeit. Die sich als Kontrollinstanz gegenüber den Heimlichtuern empfindenden Journalisten sahen hier ihre Aufgabe, gegen den gleichgültigen Staat vorzugehen. Der Fall Sebnitz ist ein Beispiel dafür, dass die Aufmerksamkeit immer mehr von Sachaussagen auf Personen hin verlagert wird.

Und da auch die Politik von der Aufmerksamkeit lebt, weil sie Präsenz beim Wähler zu bedeuten scheint, eilen Jürgen Möllemann oder Guido Westerwelle nicht nur zur politischen Diskussion bei »Sabine Christiansen«, sondern auch zu »Big Brother«. Das Fernsehen übernimmt zusehends die Rolle des Vermittlers gesellschaftlichen Geschehens, sodass Bundestagspräsident Wolfgang Thierse im Frühjahr 2001 einen schleichenden Bedeutungsverlust des Parlaments beklagte. Wichtige Debatten fänden eher in politischen Talkshows im Fernsehen und nicht mehr im Bundestag statt. In den Talkshows wird aber personalisiert, Sachthemen kommen nur am Rande vor. Denn es liegt im Wesen einer Talkshow, dass dort Menschen unterschiedlicher Provenienz zusammenkommen. Ziel einer solchen Sendung ist Unterhaltung. Und je witziger, je lauter, je origineller die Auftritte, als desto gelungener wird das Ganze eingeschätzt. Selbst seriöse Sendungen wie »Gauck« oder »Friedman«, wie »Sabine Christiansen« oder »Berlin Mitte« können nur Anregungen zum Nachdenken vermitteln. Eine der wenigen Fernsehsendungen mit orientierendem Charakter ist der sonntagvormittags ausgestrahlte »Presseclub«.

Als Folge des seit Mitte der achtziger Jahre wachsenden Wettbewerbdrucks nehmen selbst die besten deutschen Zeitungen sich nicht immer die notwendige Zeit zu überprüfen, was sie melden. Im Journalismus spielt die Schnelligkeit seit einiger Zeit eine zu große Rolle. Erste Maxime des Handelns sollte die Glaubwürdigkeit sein, die zweite der Nutzen für den Empfänger, drittens erst die Schnelligkeit, mit der die Meldung zum Leser oder Zuschauer gelangt. Nun herrscht zwischen den Presseagenturen ein harter Wettbewerb, und derjenige, der als Erster eine wichtige Meldung verschickt, hat einen Wettbewerbsvorteil. Um Schnellster zu sein, versenden Agenturen also Meldungen, die nicht richtig sind. Das kann erhebliche Folgen haben.

Als im Sommer 2000 die ÖTV das Tarifangebot des öffentlichen Dienstes abgelehnt und eine Urabstimmung über einen Streik durchgeführt hatte, stand es auf der Kippe, ob tatsächlich gestreikt werden würde. Die Vertreter des öffentlichen Dienstes machten ein letztes Angebot, und die Große Tarifkommission der ÖTV und der anderen beteiligten Gewerkschaften tagte bis spät in den Abend. Die »Tagesthemen« wollten um 22 Uhr 30 mit einer Live-Schaltung zum Tagungsort Stuttgart den letzten Stand der Dinge vermelden. Der Moderator hatte mit dem Korrespondenten Markus Gürne die Gesprächslinie vorbesprochen: Weshalb kam eine Einigung bisher nicht zustande? Fünf Minuten vor Sendebeginn erreichte die »Tagesthemen«-Redaktion eine Eilmeldung der Deutschen Presseagentur, wonach die Große Tarifkommission das Angebot des öffentlichen Dienstes akzeptiert habe. Schnell wurde Korrespondent Gürne kontaktiert, um die Linie des Gesprächs zu ändern: Was bedeutet die Annahme? Doch Gürne, der direkt vor der Tür der tagenden Tarifkommission stand, beharrte darauf, dass die Lage unverändert sei: Die Meldung von dpa stimme nicht. Er selbst habe in diesem Augenblick noch mit einem Informanten der Kommission geredet, der seine – der Agentur widersprechende – Position bestätigt habe. Und schon lief der »Tagesthemen«-Vorspann, der Moderator wandte sich an den Korrespondenten Gürne, der äußerst kompetent und präzise die Lage schilderte. Wenige Minuten später brachte dpa eine korrigierte Fassung ihrer Darstellung.

Durch eine solche Falschmeldung wie die von dpa geschieht kein Beinbruch. Genauso wenig wie durch eine Nachricht, die von der *Frankfurter Allgemeinen Zeitung*, der seriösesten deutschen Tageszeitung, auf ihrer ersten Seite im Winter 2001 exklusiv verbreitet wurde: Kein anderer Journalist dieser Welt hatte erfahren, was die *FAZ* wusste. Putin habe einen vertraulichen Brief an den neuen amerikanischen Präsidenten George Bush geschrieben und ihm – wegen der amerikanischen Pläne für einen Raketenabwehrschirm – die Neuordnung der internationalen Gemeinschaft auf der Basis der Vernunft vorgeschlagen, was, so das Blatt, »nach langer Zeit wieder zu einer großen Abrüstungsrunde führen könnte«. Der brisante Brief stammte allerdings nicht von Putin, sondern der liberale Duma-Abgeordnete Grigorij Jawlinskij, der in Berlin an einer Bertelsmann-Konferenz teilnahm, hatte ihn verteilt. Geschrieben hatte ihn Jawlinskij am Abend zuvor nach einem großen Zechgelage. Die Teilnehmer der Konferenz waren zuerst irritiert, aber bald wieder beruhigt, nachdem ihnen klar geworden war, dass Putins Brief ein Scherz war. Aber eine »wichtige Quelle« hat ihn dann offenbar der *FAZ* zugespielt, die – vermutlich aus Angst, die Exklusivität zu verlieren – nicht seriös genug recherchierte. Sie wollte als erste, ja als einzige Zeitung mit dieser Nachricht herauskommen, um dann von aller Welt als Quelle zitiert zu werden, was den Marktwert steigert. Solch eine Falschmeldung desorientiert kurzfristig, aber der Schaden kann korrigiert werden.

Zur Orientierungslosigkeit trägt allerdings bei, wenn die Medien auf ein Thema springen und es Tag um Tag, Woche um Woche zur Hauptsache machen, während ihre Aufmerksamkeit in Wirklichkeit einer Nebensache gilt. So geriet Außenminister Joschka Fischer im Winter 2001 in die Schlagzeilen, weil die Tochter der RAF-Terroristin Ulrike Meinhof und des ehemaligen linken *Konkret*-Chefs (und heute merkwürdig erzkonservativen Vordenkers) Klaus-Rainer Röhl mit unredlichen Mitteln eine Kampagne gegen Fischer entfachte. Sie wollte Fischer als einen Gewalttäter der Frankfurter Szene der siebziger Jahre entlarven. Das gelang ihr nicht. Aber weil die konservative Opposition hier eine Chance witterte, den Außenminister politisch in Bedrängnis zu bringen und in der Folge auch die Kulturrevolution der 68er-Generation als gewalttätig zu diskreditieren, sprang die gesamte bundesdeutsche Presse auf dieses Thema an. Nicht Kenner, nicht Fachleute, nicht recherchierende Journalisten bestimmten die Tonlage, sondern jene, denen Aufmerksamkeit am wichtigsten war. Und die erhielt man mit der Diskussion um Gewalt. Dabei hatte diese – die RAF einmal als extreme Minderheit beiseite gelassen – in den sechziger Jahren eine geringere Rolle gespielt als etwa im Frankfurter Häuserkampf der siebziger Jahre. Nicht die Errungenschaften, nicht die besonders von der anti-autoritären Erziehung verursachten Schäden oder die von der Kulturrevolution ausgelöste Liberalisierung wurden besprochen. Damals standen Ideen, Probleme, Utopien im Vordergrund der öffentlichen Auseinandersetzung, doch im Winter 2000/2001 ging es nicht um die Sache, sondern um Personen.

»Ihr ödet uns an!«[13] stellte Hans Magnus Enzensberger im Feuilleton der *FAZ* schließlich fest: »Die Reklame- und Meinungsindustrie faxt Anfragen ins Land an jeden, der schreiben und reden kann. Es geht um die Vermehrung von Stellungnahmen zu Themen, von denen sie sich Krach, Auflage und politischen Lottogewinn verspricht.«

Tatsächlich verdrängt dieser Mechanismus, immer der Aufregung Aufmerksamkeit zu vermitteln, die Auseinandersetzung mit den Fragen, die Orientierung verlangen – oder geben. Denn der Mensch hat nun einmal nur eine beschränkte Fähigkeit zur Wahrnehmung. Er fällt auf die Fehlinformation herein, wenn ihm durch eine umfassende öffentliche Auseinandersetzung vorgegaukelt wird, die 68er Kulturrevolution sei in Wirklichkeit eine gewaltsame Auseinandersetzung zwischen Chaoten und Polizei gewesen – während man die überwiegende ideelle Komponente zum Randthema verkümmern lässt.

Auch die gegenwärtige Geschichte eines Volkes kann von denjenigen, die die Inhalte der öffentlichen Diskussion bestimmen, aus politischen oder kulturellen Motiven verfälscht werden. Ein besonders drastisches Beispiel dafür bietet ein anderes europäisches Land: Während im Westen der Aufstand vom Oktober 1956 in Ungarn jedem geläufig ist, litt das Land selbst unter nationalem Gedächtnisschwund. Als 1989 der 23. Oktober von der neuen Regierung zum Nationalfeiertag erklärt wurde, wusste der größte Teil der Bevölkerung nicht, was damals geschehen war. Und das hatten die bisherigen kommunistischen Regierungen so gewollt. Es ist ein perfektes Beispiel dafür, wie einem Volk die Orientierung genommen werden kann, eine Orientierung hin zu freiheitlichem Denken, die den autoritären Machthabern nicht genehm war.

Am 23. Oktober 1956 hatten antistalinistische Demonstranten den Rücktritt der Regierung erzwungen und den Reformsozialisten Imre Nagy an die Macht gebracht. Wenig später schlugen sowjetische Panzer den Aufstand nieder, und der Kreml setzte eine neue, ihm genehme Regierung ein. Nagy und seine Mitstreiter wurden gehenkt und in einem

Massengrab verscharrt. 2500 Menschen kamen bei diesem Aufstand ums Leben, 200 000 flohen ins Ausland, 60 000 wurden in Gefängnisse und Lager gesperrt.

Der Aufstand war ein so bedeutendes historisches Ereignis, er betraf so viele Menschen im Land, dass er unvergesslich sein müsste. Dennoch wussten vier Jahrzehnte später nur noch drei Prozent der Ungarn, welche Rolle Nagy bei dem Aufstand gespielt hatte. Den nachgewachsenen Generationen sagte das Datum 23. Oktober 1956 nichts mehr. Die nationale Amnesie war gewollt herbeigeführt worden. In den Schulbüchern wurde die gescheiterte Revolte bis zur Öffnung des Eisernen Vorhangs 1989 in nur zwei Sätzen streng im kommunistischen Sprachstil abgehandelt. Es hieß, der »proletarische Internationalismus« habe den »Terror von antisozialistischen Organisationen besiegt, die am 23. Oktober zu einer konterrevolutionären Armee ausgeartet waren«. Ein großes geschichtliches Ereignis war tabuisiert und wirkungsvoll verschwiegen worden.

Nun wird die öffentliche Auseinandersetzung in Deutschland nicht von autoritären Machthabern bestimmt. Doch trotz der Freiheit von Presse und Meinung richten sich, so klagt Wieland Elfferding, die »Medien nach einer beängstigenden Folgsamkeit: Das freie Wort folgt der Parole der Politik. Die CDU wirft einen Stein ins Wasser, die Medien bilden die sich ausbreitenden Ringe. Im Rahmen dieser Physik der Kommunikation scheint sich die Freiheit der Medien zu bewegen.«[14] So betrachtet, meint Elfferding, hielten sich die Medien doch in einer Staatsnähe auf, die dem Selbstverständnis als »vierte Gewalt« im Staate widerspricht. Statt als unabhängige Instanz eine »kritische Öffentlichkeit« gegenüber dem Staat herzustellen, »plappern TV und Zeitungen nur nach und käuen wieder, was ihnen die Politik vorgegeben hat«.

Wer nun eine inhaltliche Auseinandersetzung über die Wertediskussion – und die praktizierten 68er Jahre – ausblenden will, dem gelingt dies, indem er den Blick auf den, zugegeben utopischen, Gedanken über eine »bessere« Gesellschaft durch eine Nebelwand aus Gewalt und Personalisierung (»Chaot« Fischer) verschleiert.

In dieser Banalisierung der Öffentlichkeit liegt ein wesentliches Problem der Orientierungslosigkeit unserer Gesellschaft: Die Aufmerksamkeit wird den Personen, wird den »Skandalen«, den »Seuchen« zuteil, und weil es dem Tenor der Lebensästheten entspricht, wird vieles, was den Ruch des Traditionellen trägt – wie eben die Begriffe Ethik und Moral, Werte und Tugenden –, als störend abgetan; wenn es geht, sogar hämisch. Das eben beklagt auch Enzensberger, wenn er meint, wer um Ablehnung oder Zustimmung hinsichtlich der unwichtigen Chaoten in den siebziger Jahren des letzten Jahrhunderts zu Beginn des neuen eine bundesweite Debatte entfache, der brauche sich nicht mit den Folgen der Globalisierung zu befassen. Und mit der Frage, wer irgendwann einen Pflasterstein warf, könne man »ein obszönes Taktieren in der Biopolitik« übertünchen.

Mut zu eindeutigen Positionen

Fortschritte in der Gen- und Biotechnik stellen die Gemeinschaft, wie eingangs bereits erwähnt, vor neue ethische Fragen. Denn nun wird plötzlich möglich, was der Mensch bis vor kurzem noch nicht einmal träumte. In der Transplantationsmedizin diskutiert man schon seit einigen Jahren über die Frage, wann der Tod eintritt. Denn davon hängt ab, von welchem Zeitpunkt an dem Toten gesunde Organe entnommen werden dürfen, um sie einem Todkranken zu implantieren und so dessen Leben zu verlängern. Die Gentechnik ihrerseits erlaubt Eingriffe in die menschliche Natur – bis hin zum Klonen –, deren Auswirkungen noch gar nicht abzuschätzen sind. Technisch ist das Klonen des Menschen noch nicht ausgereift, aber darüber nachgedacht wird schon.

Der breit gefächerten Diskussion fehlen allerdings noch verbindliche Maßstäbe, weshalb Bundeskanzler Gerhard Schröder im Mai 2001 einen Nationalen Ethikrat ins Leben gerufen hat. Es ist nicht unüblich, und es ist sogar sinnvoll, dass führende Politiker sich Fragen der Moral in der Gesellschaft stellen. Zu seinem Amtsantritt hatte Bundeskanzler Helmut Kohl eine »geistig-moralische Wende« gefordert, was einen lauten öffentlichen Widerspruch erzeugte. Kohl beließ es bei seiner Absicht. Schröder handelte, wenn auch nur prozedural. Maßstäbe des Gemeinwohls in solch schwierigen ethischen Belangen vermag er als Pragmatiker nicht zu liefern. Schröder will in der Politik gestalten. Die Ethik-Diskussion muss er Experten überlassen, auf die Gefahr hin, dass man ihm einen Mangel an Tatkraft – und, jawohl, auch Führung vorwirft.

Moral entsteht nicht im luftleeren Raum, sondern in der gesellschaftlichen Auseinandersetzung. Gesellschaftlich relevante Gruppen und Personen müssen Vorgaben machen, die dann auch zu einem Ergebnis zusammengeführt werden. Die Kirchen haben in den vergangenen Jahrhunderten häufig Richtlinien verkündet, doch in den vergangenen Jahrzehnten sind sie verstummt oder reagieren mit großer Verzögerung. Obwohl die biopolitische Debatte schon seit geraumer Zeit geführt wird, finden die Kirchen keine adäquaten Worte. Statt von Grundsätzen auszugehen, werden strategische Fragen gewälzt. Man überlegt, ob man der besseren öffentlichen

Wirkung wegen eine Position in der Mitte des gesellschaftlichen Spektrums anpeilen solle, um nicht wieder durch eine »absolute« Haltung die zweifelnden Gläubigen zu verschrecken.

Was Moral sein könnte, wird immer seltener inhaltlich diskutiert als Verfahrensfragen unterworfen. Wer die Solidarität missbraucht, ist kein Faulenzer, sondern ihm fehlen die materiellen Anreize; sollten sie wieder stimmen, dann wird der Faulenzer auch wieder »fleißig«. Solidarität wird also nicht mehr als ethischer Maßstab angewandt, sondern ihr moralischer Inhalt wird durch die Frage abgelöst, wie ein Solidarempfänger materiell verlockt werden soll, wenn er sich nicht in die moralische Pflicht gegenüber der Gemeinschaft fügt.

Moralische Maßstäbe sind ideelle Forderungen der Gemeinschaft an den Einzelnen, um dessen Handeln zu leiten. Die individualisierte Welt findet solche allgemein gültigen Forderungen anstößig, da die Werte privatisiert worden sind.

»Die anstößigen Inhalte, nämlich die substanziellen Handlungsverbote, werden zurückgestellt«, bemängelt der Wissenschaftler Wolfgang van den Daele. Übrig bleibe nur der Appell zu mehr Sensibilität, Reflexivität und Vorsicht. Nicht Inhalte, sondern Prozeduren bestimmten die moralische Debatte. Und es finde eine vergleichbare Prozeduralisierung statt, »wenn moralische Fragen nur noch als Fragen aufgeworfen werden, ohne dass der Versuch gemacht wird, sie auch zu beantworten«.

Das bedeutet, auf den Punkt gebracht: Es fehlt am Mut zu eindeutigen Aussagen. Eine Gesellschaft kann ihre allgemein gültigen Handlungsmaximen nur dann fortschreiben, wenn sie inhaltliche Positionen aufstellt und diskutiert. Aus dem Gespräch heraus, und mag es auch noch so heftig sein, entwickeln sich die Grundzüge der Maßstäbe, die als Werte, als

Tugenden, den Einzelnen in die Pflicht nehmen, wenn er sich die Frage stellen sollte, wie er handeln darf. Nur Inhalte können das Handeln leiten. Verfahrensfragen sind zweitrangig. Und deshalb benötigen Gesellschaften Menschen, die den Mut zu inhaltlichen Positionen haben, die nicht fürchten, für ihre jeweilige Ansicht kritisiert zu werden, sondern bereit sind, Einschätzungen zu neuen gesellschaftlichen Entwicklungen, wie in der Bio- oder Gentechnik, abzugeben, damit die Gemeinschaft mitdenken kann und wieder an Orientierung gewinnt.

Kapitel 3

Werte, Bürger und Nation
Zur individuellen und kollektiven Identität

Was formt die Persönlichkeit?

Das Verhalten des (erwachsenen) Menschen ist abhängig von seinem Denken und Sein, von der Summe seiner Prägungen, von seiner *Identität*. Eine gefestigte Identität ist für jedes Individuum wichtig, denn sie gibt ihm Halt und bestimmt sein Handeln. Fordert nun eine Gesellschaft von ihren Bürgern beispielsweise die Anwendung der Tugend »Mut« (im Sinne des modernen Begriffs für die aristotelische Kardinaltugend »Tapferkeit«), dann muss sie dafür sorgen, dass Mut zur Identität ihrer Mitglieder gehört.

In einem großen Bogen verbindet der Philosoph Ernst Sandvoss das Wissen und Verstehen der Welt mit der Selbsterkenntnis und folgert: »... mit dem Weltbewusstsein [wächst] das Selbstbewusstsein und mit diesem das Wertbewusstsein«[1]. Mit anderen Worten: Die Summe von Wissen und (Selbst)Bewusstsein fördert die Menschwerdung und vor allem drei zusammenhängende Merkmale des aufgeklärten Bürgers: Identität, Stabilität und Kontinuität.

Der Begriff Identität wird in verschiedenen wissenschaftlichen Disziplinen unterschiedlich benutzt. Die Psychologie geht davon aus, dass sich die Identität einer Person aus ihrer Wahrnehmung entwickelt. Jeder hat seine eigene Innenwelt und dadurch eine ihm eigene Art, die Welt zu sehen und sich darin zu platzieren. Seine Innenwelt sagt ihm, was er ist, und entwickelt seine Identität. Aber diese Innenwelt ist auch abhängig von der Außenwelt. Denn jede Person nimmt wahr, wie die Außenwelt auf sie reagiert. Diese Wahrnehmung wird verarbeitet, was wiederum zu einer Veränderung der Innenwelt führt. Und da ein Mensch während seines Lebens immer neuen, wechselnden Eindrücken ausgesetzt ist, verändert sich mit den Jahren zumeist auch seine Identität. So gibt es im Grunde keine festgeschriebene, unveränderliche Identität.

Mit der Veränderung des Lebens in der Gesellschaft geht aber auch eine Prägung der nachwachsenden Generationen einher, was Einfluss auf die Bedeutung der gemeinschaftsprägenden Werte hat. Bis in die sechziger Jahre hinein bestimmten regionale Herkunft und Dialekt, Heimat, Klassenbewusstsein, Religionszugehörigkeit, Mitgliedschaft in Traditionsvereinen (Gewerkschaft, Partei, Kegel- oder Fußballklub usw.) die Ausbildung von Identitäten. Inzwischen hat die Entwicklung hin zur Individualisierung derlei soziale Traditionen und Rollenvorschriften abgebaut. Damit bleibt dem Individuum einerseits mehr Freiheit in der Festlegung des eigenen Lebensweges, andererseits verlangt ihm dies eine höhere Kompetenz bei der Ausbildung seiner Lebenskonzeption und der Etablierung seiner Identität ab als den Menschen ehedem.[2]

Während die prägenden Strukturen der Persönlichkeit in der Kindheit geformt werden, folgt im Jugendalter die Suche und Erfahrung der eigenen Stellung in der Gesellschaft. Doch fehlen in unseren Tagen soziale Einrichtungen, die ein festgefügtes Wertesystem vermitteln und dem Leben einen Sinn geben könnten, wie dies früher der Fall war. Die Normen und deren Akzeptanz haben längst jeglichen Absolutheitsanspruch verloren.

Zu Beginn des 21. Jahrhunderts sind die Möglichkeiten für die Ausformung einer individuellen Identität und für ein Ausbrechen aus engen kulturellen Vorgaben so groß wie nie zuvor. Dies führt dazu, dass die Jugend einerseits zwar den Wunsch hegt, in der Entwicklung der eigenen Persönlichkeit einen Sinn fürs Leben zu finden, sich jedoch weigert, Normen der älteren Generation ungeprüft zu übernehmen; so wird alles abgelehnt, was das eigene Ich begrenzt und in seiner persönlichen Entfaltung behindert.[3] Dieses kritische Freiheitsdenken entspricht der Ausbildung einer modernen Moralität, die davon ausgeht, dass Werte nur dann einen ethischen Wert haben, wenn der Bürger *einsieht*, weshalb sie eine allgemein gültige Regel für das Verhalten in der Gesellschaft sein sollten.

Da die Welt durch das Schwinden traditioneller Einrichtungen, die einen Sinn vorgaben, unberechenbarer geworden und für den Heranwachsenden schwerer zu entziffern ist, bindet die Suche nach der eigenen Identität mehr Kräfte als früher. Einschlägige Untersuchungen belegen dies:

- Nur knapp die Hälfte der Fünfzehn- bis Dreißigjährigen verfügen über eine so weit gefestigte Identität, dass sie mit Optimismus in die Zukunft blicken; die Mitglieder dieser Gruppe sind beruflich und privat etabliert.[4]
- Eine zweite Gruppe von immerhin 45 Prozent dieser Altersgruppe schaut sich eher experimentell nach Handlungsvorgaben um. Auf der einen Seite genießt man die Freiheit, die Planungslosigkeit und die Möglichkeit, nach eigenem Gutdünken zu leben; auf der anderen sucht man jedoch nach Orientierung – allerdings nicht nach einem konstruktiven Plan, sondern spielerisch.
- Eine kleine Gruppe von fünf Prozent sieht in der Zukunft keinen Platz für sich, ist unsicher und wartet auf Impulse von außen, die aber meist nicht kommen. Diesen jungen Leuten gelingt nicht, was üblicherweise das selbst gesteckte Ziel ihrer Altersgenossen ist: nämlich dem Leben durch eigene Orientierung und ein eigenes Lebensmuster Sinn zu geben und Regeln zu finden, die nicht aus der Tradition hergeleitet werden.

Im Zuge seiner Untersuchungen zur Wertorientierung hat Klaus Hurrelmann herausgefunden, dass bei der neuen Generation Werte wie freie Meinungsäußerung, Emanzipation, Mitsprache, Mitbestimmung, Freundschaft und Treue hoch im Kurs stehen, während sie Disziplin, Ordnung, Einfügen in soziale Strukturen teilweise sogar vehement ablehnt.[5] Deshalb sagt er, Jugendliche seien »Egotaktiker« und als solche an einer »guten Qualität des sozialen Zusammenlebens« interessiert, allerdings wollten sie ihre eigenen Wünsche und Vorstellungen umgesetzt sehen.

Und die »Shell-Jugendstudie 2000« kommt zu dem Ergebnis, dass jeder Jugendliche heute seine Identität und seine Wertorientierung aus Versatzstücken selbst und eigenverantwortlich zusammenbasteln kann. Werte würden nur noch als individuelle Vorstellungen von gesellschaftlich und persönlich Wünschbarem akzeptiert, seien aber keine absoluten, sondern nur noch potenzielle Orientierungsmuster.

Trotz aller Unkenrufe ist die Bereitschaft zu sozialem Engagement auch in der jungen Generation vorhanden. Allerdings entstammt diese Bereitschaft nicht mehr einem Gefühl der Verpflichtung, wie dies einst bei traditionellen Gemeinschaftsbindungen der Fall war; ausschlaggebend ist vielmehr eine Freiwilligkeit, die auch von Eigeninteresse motiviert sein kann. Pflicht und Staatsinteresse – wie sie bei älteren Generationen noch vorhanden sind – werden von Jugendlichen abgelehnt, aber wohl auch deswegen, weil ihnen nicht erklärt und noch weniger vorgelebt wird, was Bürgerpflicht bedeuten kann. Der Sinnspruch von John F. Kennedy: »Frag nicht, was dein Land für dich tun kann, frag, was du für dein Land tun kannst!« wird heute von der großen Mehrheit der jungen Leute abgelehnt, obwohl er das idealistische Motto für ethisches Handeln im Sinne einer Orientierung gebenden Gemeinschaft sein könnte.

Junge Menschen arbeiten zwar an ihrer eigenen Identität. Doch entweder vergessen sie, dass auch das Kollektiv eine Identität besitzt, welche jedes einzelne Glied der Gesellschaft mit prägt, oder aber sie wehren sich gegen die Vorstellung, das Kollektiv könne auf ihre Identitätsbildung einen Einfluss haben, den sie selbst nicht kontrollieren können. Aber so ist es nun einmal: Die Gesellschaft drückt jedem einen Stempel auf – ob er es will oder nicht. Er kann sich nicht dagegen wehren; ja, häufig merkt er es gar nicht.

Zur individuellen Identität wird gern ein Gedanke von Immanuel Kant zitiert: »Zwei Dinge erfüllen das Gemüt mit immer neuer und zunehmender Bewunderung und Ehrfurcht, je öfter und je anhaltender sich das Nachdenken damit beschäftigt: der bestirnte Himmel über mir, und das moralische Gesetz in mir ... Der erstere Anblick einer zahllosen Weltenmenge vernichtet gleichsam meine Wichtigkeit ... Der zweite erhebt dagegen meinen Wert als einer Intelligenz ... durch meine Persönlichkeit, in welcher das moralische Gesetz in mir ein von der Tierheit und selbst von der ganzen Sinnenwelt unabhängiges Leben offenbart.«[6]

Der Einzelne und die kollektive Identität

Es wird immer wieder eine heftige Auseinandersetzung darüber geführt, ob es nur die individuelle Identität gibt oder ob es erlaubt ist, auch einem Kollektiv eine Identität zuzuschreiben. Eine mögliche Antwort hängt wohl von der Definition dieses Wortes ab. Der Begriff Identität bedeutet die völlige Übereinstimmung einer Person mit dem, was sie ist. Deshalb können zwei Menschen, selbst Zwillinge, nicht identisch sein. Wie soll es dann eine *kollektive Identität* geben können?

So denkend, bestritt auch der damalige Bundespräsident Roman Herzog in seiner Rede zum Tag der Deutschen Einheit am 3. Oktober 1994 kurzerhand die Existenz einer deutschen Identität: »Wer über dieses Thema spricht, von dem werden heute mehr Wehklagen als Aussagen erwartet. Aber daran will ich mich nicht beteiligen, zumal ich immer noch keinen gefunden habe, der mir erklären könnte, was ›nationale Identität‹ eigentlich ist – ›nationale Identität‹, die uns angeblich fehlt und die wir angeblich dringend benötigen.«[7] Doch Herzog irrt.

Die Franzosen nennen ihren Personalausweis *carte d'identité*, und darauf ist festgehalten, was die Bürokratie als die Einzigartigkeit eines Individuums betrachtet. Dazu gehören neben dem Foto auch Merkmale, die jede Person einer Kollektivität zuschreiben: durch den Nachnamen einer Familie, durch die Nationalität einem Staat.

Der Philosoph Norbert Elias unterscheidet deshalb zwischen der Ich-Identität (Individuum) und der Wir-Identität (Gesellschaft).[8] Genauso wie die Familie mit ihrer eigenen Geschichte behaftet ist, so sind es auch der Ort, in dem ein Mensch aufwächst, und der Staat. Kulturell verfügt die Gemeinschaft über besondere Merkmale, deren herausragendes die Sprache ist. Schon in der kleinen Gemeinschaft der Familie werden besondere sprachliche Codes benutzt. Und trotzdem ist die Frage, ob die deutsche Sprache eine Voraussetzung sein soll, um der Kollektivität »Bundesrepublik Deutschland« ein gemeinsames Kommunikationsmittel zu verleihen, unter den Deutschen heftig umstritten. Und das ist auf Eigenheiten der nationalen Identität zurückzuführen, die das Denken deutscher Individuen anders motiviert als Personen, die von anderen kollektiven Identitäten geprägt sind.

Denn für Deutsche verbindet sich mit dem Begriff »deutsch« immer noch alles, was das Dritte Reich und die Nationalsozialisten an Verbrechen begangen haben. Angesichts der Vernichtung von sechs Millionen Menschen in *deutschen* Konzentrationslagern fällt es manch einem sensiblen Deutschen schwer, die deutsche Sprache als Voraussetzung dafür zu fordern, wenn jemand in das Kollektiv »Bundesrepublik Deutschland« aufgenommen werden möchte.

Keine Schwierigkeit damit haben Personen, deren Denken nicht von der nationalen Identität der Deutschen betroffen ist. Ganz unverkrampft sprach sich Cem Özdemir, Bundestagsabgeordneter der Grünen, dafür aus, dass die Beherrschung der deutschen Sprache vorausgesetzt werden müsse, wolle jemand den deutschen Pass erwerben. Und Professor Faruk Sen, Leiter des Zentrums für Türkei-Studien in Essen, spricht sich zwar für eine Identitätsbildung aus, bei der die kulturellen Unterschiede in der Bevölkerung nicht auf einer ethnisch-kulturellen Zugehörigkeit beruhen dürfe, doch, so schreibt er, es gebe »Grenzen bei der Akzeptanz von Multikulturalität«: »Die gemeinsame Sprache ist in einer Gesellschaft, in der ethnische und kulturelle Zuschreibungen für die Bildung einer gemeinsamen Identität nicht mehr taugen, das entscheidende Kriterium für eine notwendige gemeinsame Identität … Deutschland verträgt kulturelle Differenz – solange wir miteinander reden können.«[9]

Und damit treffen Özdemir und Sen den Kern dessen, was das Wort »deutsch« inhaltlich umfasst. Ein Blick in die Geschichte führt »deutsch« zurück auf das, was es einmal aussagte: die Bezeichnung für Menschen verschiedener Stammesherkunft, die »zumindest das eine Merkmal gemeinsam hatten, dass sie deutsch sprachen«[10].

Der Begriff *theudisk* (im Gegensatz zu *walhisk*, welsch) tauchte erstmals um 700 auf und bezeichnete später im Verwaltungslatein (*theodiscus, teutiscus*) die Franken, Sachsen,

Bayern, Alemannen, Thüringer und Friesen. Als das Reich Karls des Großen (843 mit dem Vertrag von Verdun) unter seinen Enkeln geteilt wurde, regierte Ludwig der Deutsche im östlichen Drittel. Damit war die Neuordnung Europas vollzogen, und die Deutschen kürten fortan eigene Könige. Zum politischen Schlagwort geriet »deutsch« in der zweiten Hälfte des 11. Jahrhunderts, als Papst Gregor VII. seinen Widersacher im Streit der Kirche mit der weltlichen Macht*, König Heinrich IV., als »rex Teutonicorum« schmähte. Der Papst wollte damit ausdrücken, dass ein von ihm nicht gekrönter Herrscher nicht »römischer Kaiser« oder »Kaiser im Heiligen Römischen Reich«, sondern höchstens König über sein »deutsches« Volk sein könne. Aber so ähnlich wie »Made in Germany«, einst von den Briten als Abschreckung vor deutschen Waren eingeführt, zu einem positiven Qualitätsmerkmal wurde, förderte die abwertende Bezeichnung »König der Deutschen« das Zusammengehörigkeitsgefühl der unterschiedlichen Stämme und verhalf den unter diesem Begriff versammelten Volksgruppen zu einem wachsenden Selbstbewusstsein.

Bis heute entwickelt die Gruppe aus gemeinsamen Erfahrungen eine kollektive Erinnerung, die sich auf die Bildung der Identität des Einzelnen auswirkt. Deshalb spielen Vergangenheit, Gegenwart und Zukunft der Gemeinschaft eine Rolle bei der Entwicklung der individuellen Identität und der Einordnung mancher ethischer Werte. Das folgenschwerste Beispiel für eine kollektive Erfahrung ist die Geschichte des Dritten Reichs und der Mord an sechs Millionen Juden, Roma und Sinti und Andersdenkenden. Jeder Deutsche ist auf irgendeine

* Es ging um das Recht der Bischofseinsetzung (Investitur) und um den Vorrang der geistlichen (*sacerdotium*) vor der weltlichen Gewalt (*imperium*).

Weise davon geprägt, weil er zwangsläufig damit konfrontiert wird. Und gerade dieser Teil des kollektiven Bewusstseins kann zu einer kritischen Störung der Identität führen.

Denen, die sich dem Terminus *kollektive Identität* nur zähnefletschend nähern, sei versichert: Wenn von nationaler Identität gesprochen wird, so bedeutet dies nicht, dass die Kollektivität mit einer fest gefügten Identität versehen ist, die sich wie eine weitere Haut über jede individuelle Identität stülpt, nach dem Motto: Wer die Haut trägt, gehört dazu; alle anderen sind ausgeschlossen. Identitäten können nicht fest gefügt sein, da sie ständigen Lernprozessen und daraus folgenden Veränderungen unterworfen sind. Die nationale Identität macht zunächst den Teil einer Person aus, der geprägt wird durch die Wahrnehmung der gemeinsamen Herkunft, Sprache und Geschichte und der unter den Sammelbegriff nationales Bewusstsein fällt.

Dieser Teil der Identitätsbildung hat für den Philosophen und Soziologen Jürgen Habermas eine wichtige soziale Bedeutung: »Erst das Bewusstsein der Zugehörigkeit zu ›demselben‹ Volk macht die Untertanen zu Bürgern eines einzigen politischen Gemeinwesens – zu Mitgliedern, die sich *füreinander* verantwortlich fühlen können. Die Nation oder der Volksgeist – die erste moderne Form kollektiver Identität überhaupt – versorgt die konstituierte Staatsform mit einem kulturellen Substrat.«[11]

Damit erhält die kollektive Identität eine eminente Bedeutung für das Funktionieren der Wertegemeinschaft. Denn aus der Definition von Habermas folgt, dass ein jeder Bürger sich haftbar fühlen muss für den Zustand seiner Gesellschaft und dass er als Individuum in der Pflicht ist zu handeln, wenn in der Gemeinschaft Dinge geschehen, die den Grundwerten widersprechen.

Für Habermas, dessen Überlegungen von der Beschäftigung mit der deutschen Vergangenheit geprägt sind, hat eine Gesellschaft keine konkrete Identität wie ein Gegenstand oder eine Person; man kann bei einer Gesellschaft nicht von Einzigartigkeit sprechen. Vielmehr stellt Habermas ethische Bedingungen, Voraussetzungen, die erfüllt werden müssen, damit eine nationale Identität *vernünftig* sein und in einer »postnationalen« Gesellschaft Bestand haben kann. So zeichnet sich eine nationale Identität dadurch aus, dass sie nicht benutzt werden kann, wie es Rechtsradikale versuchen, indem sie einen bestimmten Teil der Gemeinschaft in die deutsche Identität ein- und andere ausschließt. Habermas wendet sich entschieden gegen jeden nationalistischen Missbrauch einer deutschen Identität: »Als moderne Bewusstseinsformation zeichnet sich die nationale Identität … durch die Tendenz zur Überwindung regional gebundener, partikularistischer Bedingungen aus.«[12]

Das Leid mit der Leitkultur

Es ist wichtig, Ethik und mit ihr verbundene Elemente als modern zu erkennen. Denn alles, was sie ausmacht, folgt Gedanken der Aufklärung und strebt nach einem guten Funktionieren der Demokratie. Schließlich basiert sie nicht auf Gefühlen oder Glauben, sondern resultiert aus Wissen und Vernunft. Das kann man sich nicht häufig genug ins Gedächtnis rufen. So gehört es zur gelungenen Identität auch, sich zu identifizieren, also die Identität bewusst anzunehmen.

Zahlreichen Deutschen fällt es jedoch schwer, eine deutsche Identität gutzuheißen, da sie – und sei es unbewusst – eine Distanz zwischen ihre individuelle Identität und die deutschen Verbrechen legen wollen. Deshalb lehnen sie häufig die Symbole ab, die ursprünglich dazu da waren, die Gemeinschaft an ihre Identität zu erinnern und hinter sich zu einen: Nationalhymne und Fahne. Eine Umfrage vom Dezember 2000 ergab, dass eine hauchdünne Mehrheit dagegen ist, sich stärker zur Nationalfahne und -hymne zu bekennen.[13]

Diese Ablehnung erschwert die Diskussion um einen Wertekonsens, wie sich an der Auseinandersetzung um eine »deutsche Leitkultur« gezeigt hat. Mit diesem umstrittenen Begriff postulierte die Union, dass die in der Bundesrepublik geltenden Werte von allen in Deutschland lebenden Menschen – gleich welcher Nationalität, besonders aber von solchen, die ein- oder zuwandern – als Leitmaßstab akzeptiert werden müssten. Unterschwellig sollte das Wort »deutsch« konservative Wähler an »Deutschtum« erinnern.

Zum Kronzeugen für die »deutsche Leitkultur« wurde der syrische »Migrant« Bassam Tibi erhoben. Tibi ist deutscher Staatsbürger und Professor an den Universitäten Göttingen und Harvard. Er, so wurde behauptet, habe den Begriff »deutsche Leitkultur« erfunden, was allerdings ein großer Irrtum ist. Tibi prägte das Wort von der »europäischen Leitkultur«, womit er die Europäer bewusst von einer exklusiv ethnischen Definition ihrer Identität abbringen und sie hinführen wollte zu jener zivilisatorischen Identität, die sich am Europas abendländischen Wertekonsens orientiert.[14] Tibi grenzt das europäische Denken – basierend auf der Aufklärung – gegen Radikal-Islamisten ab, die das Individuum und die ihm zustehenden Grundwerte in unserem Sinn ablehnen.

In Frankreich werden häufig »die Werte« hochgehalten, doch selten im Sinn von »französischer Leitkultur«, gemeint sind vielmehr die »republikanischen Werte«. Also definiert sich die französische Identität auch nicht ethnisch, sondern demokratisch: Es geht um die Identität des *citoyen* wie bei den angelsächsischen Demokratien um den *citizen*. Interessanterweise gibt aus diesem Grunde der Soziologe Reinhard Bendix die Länder England und Frankreich als Modell für westliche Demokratien an, aber nicht Deutschland.[15]

Bassam Tibi formulierte seine These von der »europäischen Leitkultur«, weil er – immerhin ein im Islam aufgewachsener und sozialisierter Syrer – sich gegen die Politik des »Multikulti« aussprechen wollte. Ein Nebeneinander verschiedener Wertesysteme führe zu einer Beliebigkeit, die den Verfall der Bürgergemeinschaft nach sich ziehen würde, meint er.

Nun wird jedes Individuum durch eine Reihe verschiedener Kollektive geprägt: durch die Familie, die Nachbarschaft, die Gemeinde, in der es aufwächst, möglicherweise durch die Region – man denke an Bayern oder Friesland als starke Kontraste – und schließlich durch den Staat, in dem es lebt. Ein Deutscher, Franzose oder Engländer wird in Asien auch eine europäische Prägung seiner Identität feststellen können. Die Prägung der nationalen Identität nimmt im Zuge der Globalisierung der Lebensstile ohnehin ab, und ihr Verlust ist für den Einzelnen nicht notwendigerweise eine Qual.

In der Bundesrepublik wohnen inzwischen immer mehr Deutsche, deren individuelle Identität durch mehrere nationale Identitäten beeinflusst wird. Seit mehr als dreißig Jahren lebt der Schriftsteller Feridun Zaimoglu, Sohn eines türkischen Gastarbeiters, in Deutschland. Er nennt sich mal einen »herkunftsfremden Deutschen«, mal einen »educated Kanakster«, wenn er von außen auf seine ethnische Herkunft angesprochen wird, aber er bekennt sich zu *einer* Identität: »Kultur wird ja in Deutschland immer eindimensional verstanden. Sie wird eingeteilt in Kulturblöcke, jeder Block ist eine Art Selbstbedienungsladen, und der türkischstämmige Deutsche ist eine Art zwei Öltanks. Ich habe mich nie als ein Pendler zwischen zwei Kulturen gefühlt. Ich hatte auch nie eine Identitätskrise. Ich wusste vielmehr, dass es nicht eine deutsche, sondern viele Realitäten gibt …«[16]

Erst die Reaktion der Außenwelt auf ihn, der äußerlich nicht typisch deutsch wirkt, hat seine Identität beeinflusst: »Auch ich wurde hier zum Türken gemacht. Auf der einen Seite haben uns die Salonlinken in ihrem Multikulti-Weltbild als eine Art Folkloretruppe dargestellt, auf der anderen Seite war der Türke der seinem Kulturkreis verpflichtete Dauerlümmel.«

Und dennoch kennen wir Fälle, wie den von Stefan Zweig, vielleicht auch den von Joseph Roth, die den Tod freiwillig oder im Alkohol suchten, weil sie in der Emigration nicht leben konnten, so stark wirkte die nationale Prägung. Auch heute liegt vielleicht im Leiden an der deutschen Identität, das besonders den Intellektuellen zu schaffen macht, einer der Gründe, weshalb die deutsche Literatur und der deutsche Film nur noch wenig große Geschichten erzählen und im Ausland kaum wahrgenommen werden. Oskar Roehler, Jahrgang 1959, der Regisseur des erfolgreichen Films »Die Unberührbare«, meint: »Wie sollen auch Geschichten von innen heraus hergestellt werden, wenn es kein Innen mehr gibt?«[17]

Für das Funktionieren des Wertekonsenses in einer modernen und stabilen Demokratie ist es notwendig, dass sich die Gemeinschaft zu ihrer eigenen Identität, also zu sich selbst bekennt. Denn wer die kollektive Identität auch nur scheinbar in Teilen ablehnt, der grenzt sich aus der Gesellschaft aus, die doch durch eine Verständigung auf gewisse, der Vernunft entsprungene republikanische Werte ihr gemeinsames Zusammenleben regeln soll. Und gerade ein Einwanderungsland wie die Bundesrepublik ist darauf angewiesen, dass sich die Bürger auf einen für die Gesamtheit der Gesellschaft einmütig geltenden Wertekonsens einigen: als Klammer zwischen den schon hier Lebenden und den Hinzuziehenden.

Die Auseinandersetzung um den Begriff »deutsche Leitkultur« hat zu einem Wust von Gefühlsaufwallungen und wildem Hin-und-Hergerede geführt, aber nicht erkennen lassen, ob die kollektive Identität vom republikanischen Gedanken so durchdrungen ist wie in anderen Demokratien Europas. Ausländer sehen dies nicht nur mit Verwunderung, sondern auch mit harscher Kritik.

In einem gefühlvoll ironischen Artikel nimmt der aus Afghanistan stammende Walid Nakschbandi, Geschäftsführer von ZEIT-TV und AVE, »Abschied« von seiner Geliebten »Deutschland«:

»Warum?

- Weil du zutiefst verunsichert bist und nicht weißt, was du wirklich willst;
- weil du eine Vergangenheit hast, mit der du nicht wahrhaftig, nicht aufrichtig umgehst und die dich so beschwert;
- weil meine maßlose Liebe und Zuneigung dir Angst gemacht hat, und weil
- du nicht im Geringsten weißt, was Liebe ist.«[18]

Handeln in einer postnationalen Zukunft

Zur deutschen Identität gehört auch die Rechthaberei, so sieht es nicht nur das Ausland. Und diese Untugend wird besonders virulent, wenn aus der Geschichtsvergessenheit eine neue Arroganz ersteht und mit ihr die Frage, wer denn nun ein besserer »Mensch« sei. Im Inland bedeutet das: Wer ist der bessere Deutsche? Dem Ausland gegenüber heißt es: Wir sind den Werten treuer als ihr!

So verstand in Frankreich niemand die deutsche Auseinandersetzung vom Herbst 2000 darüber, wem die deutsche Einheit gehöre. Angestachelt durch eine dumme Bemerkung von SPD-Generalsekretär Franz Müntefering gegen Helmut Kohl, vereinnahmte der ehemalige Bundeskanzler die deutsche Einheit für sich, die SPD wurde des »Verrats« bezichtigt. Während in Frankreich die Öffnung der Mauer 1989 nicht einmal als deutsches Phänomen, sondern als ein universeller Sieg der Freiheit gefeiert wurde, war in der deutschen Auseinandersetzung plötzlich ein guter Deutscher, wer möglichst viele Deutsche für schlechte Deutsche hielt. So hatte schon Bismarck nach der Reichsgründung Zentrum, Linksliberale und Sozialdemokraten zu »Reichsfeinden« gestempelt und damit verbal aus der Gemeinschaft ausgeschlossen.

»Unsere Republik kann aber nur gedeihen«, so der SPD-Politiker Erhard Eppler in diesem Zusammenhang, »wenn nur der ein guter Deutscher ist, der kein besserer Deutscher sein will als andere.«[19]

Diese Lektion muss noch gelernt werden. Nach außen tun die Deutschen so, als hätten sie im Umgang mit der Vergangenheit ein Modell für ganz Europa entwickelt. Sind die Franzosen als Hüter der Werte der universellen Revolution Meister von Freiheit, Gleichheit, Brüderlichkeit, so geben sich die Deutschen als Meister der postnationalen Zukunft. Und die Meisterprüfung glauben sie als Gesellen in der Bewältigung der Vergangenheit bestanden zu haben.

Dieses Denken veranlasst den französischen Intellektuellen Alain Finkielkraut zu der Klage, die Deutschen forderten nun von den Franzosen die gleiche Vergangenheitsarbeit: »Wir sollen es alle wie die Deutschen machen und in den Ecken unseres Gedächtnisses wühlen, um festzustellen, wie bösartig und nazistisch auch wir gewesen sind. Ich sehe in Deutschland sogar eine doppelte Arroganz – die Arroganz jener, die bereits einen gewissen Weg durchschritten haben, gegenüber den Zurückgebliebenen, und eine Arroganz der Gegenwart über die Vergangenheit.«[20]

In einer Zeit, in der das Individuum eine sehr viel größere Freiheit hat, an der Entwicklung seiner Identität selbst mitzuwirken, verlieren nationale Identitäten an Wirkung. Sie geben Halt, wenn notwendig, sie bestimmen auch unbewusst Tabus im Denken, doch notwendig sind sie nur noch, soweit sie als Orientierung dienen: als Richtlinie, als republikanischer Wertekonsens und allein in diesem Sinn als »europäische Leitkultur« – wobei hier schon eine Unschärfe entsteht: denn die nationale Identität des klassischen Einwanderungslandes USA, aber auch Kanadas und Australiens, beruht auf der Bejahung der amerikanischen Verfassung, die als »europäisch« bezeichnete universelle Werte beinhaltet.

Auf die kollektive Identität lässt sich nicht vollends verzichten, solange die Bürger sich in einer Gemeinschaft auf das Zusammenleben mit allgemein gültigen Richtlinien einrichten müssen. Diese Richtlinien sind nicht nur gesetzliche Normen, sondern im vorgesetzlichen Raum regelt die Ethik mit ihren Werten und Tugenden als Maßstab das, was als richtiges Handeln angesehen wird. Aber der Wertekonsens bleibt nicht ein für alle Mal festgeschrieben, sondern jede Generation darf, ja muss sogar die Inhalte der Werte neu überarbeiten – schließlich nimmt das Wissen zu und erlaubt eine Fortentwicklung des Denkens. Und nicht nur die Inhalte müssen stets dem neuesten Stand angepasst werden, auch die Art und Weise, wie diese Inhalte im täglichen Leben der Gemeinschaft, in der Politik, umgesetzt werden, verändert sich und bedarf einer Neuausrichtung.

Kapitel 4

Die Gemeinschaft als Ziel moralischen Handelns

Wertekonsens und Gesellschaftsvertrag

Ein wenig Geborgenheit braucht der Mensch

Glücklich das Land, das seine Gemeinschaft nicht leugnet, sondern sich zu seiner Identität bekennt und damit seinen Bürgern eine Heimat gibt. Heimat, so hat Bundeskanzler Gerhard Schröder im Herbst 2000 anlässlich des Tags der Heimat vor dem Bund der Vertriebenen bekannt, sei für ihn »kein Ort, der durch Behaglichkeit definiert ist«. Heimat sei vielmehr »das Zuhause, von dem aus die Menschen auf die Welt blicken«. Schröder schwebt eine »weltoffene Heimat« vor, die den heimatgebundenen Bürger zum Weltbürger erhebt. Doch der CDU-Ministerpräsident von Baden-Württemberg Erwin Teufel hielt Schröder entgegen: »Heimat, das ist tragender Grund, vertrauter Lebensraum, Überschaubarkeit und Geborgenheit.«

Es ist merkwürdig, wie sehr die Wirklichkeit, die jeder an sich selbst ausloten kann, von Politikern und Publizisten, von Philosophen und Soziologen – je nach eigenem von Tabus und Ängsten begrenztem Wunschdenken – umgedeutet wird. Die Wirklichkeit lässt sich jedoch nicht verdrängen. Jeder hat eine besondere gefühlsmäßige Beziehung zu Orten, mit denen sich Erinnerungen verbinden. Und Erinnerung ist auch Wissen. Die meisten Menschen haben eine Antwort parat, wenn sie gefragt werden, wo ihre Heimat sei. Heimat ist nicht ausschließlich auf den Ort beschränkt, an dem man aufgewachsen ist. Es kann auch ein Familiensitz sein, zu dem man im Laufe seines Lebens immer wieder zurückgekehrt ist und der sich als »Anker« bewährt hat. Natürlich ist Heimat ein vertrauter Lebensraum; natürlich vermittelt sie Geborgenheit und löst Emotionen aus. Was ist es denn, das einen Bayern jubeln lässt, wenn München in der Champions League gewinnt? Aber Heimat muss deshalb nicht konservativ definiert werden. Jedes Individuum, und sei es noch so autark, hat in seinen schwachen Augenblicken Sehnsucht nach der Geborgenheit, die ihm heimatliche Gefühle schenken. Der Mensch lässt sich eben nicht nur von der Vernunft, sondern auch von Gefühlen leiten.

Selbst in einer Zeit extremer Individualisierung können historische Ereignisse wie die Öffnung der Mauer in einem geteilten Volk ein tiefes Gefühl der Gemeinsamkeit und des Glücks hervorrufen, auch wenn hinterher die Enttäuschung über die Art der Vereinigung und die wirtschaftlichen Fehler die Freude überlagert. Wer die Wirklichkeit unvoreingenommen an sich selbst überprüft, wird feststellen: Trotz allen »Ich-Wahns« und der »Tugend der Orientierungslosigkeit« ist jedem bewusst, dass er nicht allein auf einer Insel vor sich hin lebt. Zwar versuchen uns moderne Denker einzubläuen, eine Gesellschaft, die sich immer stärker zur Selbstbestimmung oder Emanzipation des Individuums ausrichte, könne keinen Zusammenhalt als solidarische Gemeinschaft verwirklichen; und Ziel der Befreiung des Menschen sei vielmehr der Individualismus, was theoretisch wunderbar klingt. Doch bereits beim kleinsten Notfall wird nach der Gemeinschaft – meist in Gestalt des Staates – gerufen.

An der BSE-Krise lässt sich zeigen, wie schnell einzelne Interessenten ihre Verantwortung leugnen und hoffen, der Staat werde es schon richten. Die Verbraucher dachten an sich und ihr Portemonnaie und suchten nach immer billigerem Fleisch; die Produzenten, vom Bauern über den Futtermittelhersteller und schließlich den Fleischhändler, kümmerten sich um ihren Vorteil, die Erlöse. Als dann der Krisenfall eintrat, wollte keiner mehr das Risiko individuell tragen, sondern alle – Verbraucher, Bauern wie Händler – schauten wie selbstverständlich auf den Staat. Schließlich sei die Regierung verantwortlich für die Begrenzung des Schadens, für einen Ausgleich des Verdienstausfalls wie auch für die Verhinderung künftigen Schadens. Nun war die Solidarität der Gemeinschaft plötzlich gefragt, doch niemand wollte so recht über die Sicherung des Gemeinwohls nachdenken. Die Beachtung des Wohls der Gemeinschaft aber zählt zu den Grundlagen moralischen Handelns.

Von persönlichen und unpersönlichen Handlungszielen

Die Handlungen eines Individuums unterscheiden sich voneinander durch das jeweilige Ziel. Entweder bezieht es sich auf den Menschen selbst, indem dieser einen Zweck für sich verfolgt, ein persönliches Ziel also. Oder aber Handlungen beziehen sich auf etwas, das außerhalb der Privatinteressen des Einzelnen liegt, dann geht es um ein unpersönliches Ziel.

Persönliche Ziele können sein: sich selbst zu erhalten, sich zu entwickeln oder einfach nur sich zu unterhalten und zu erfreuen. Über derlei Handlungen sollte man nicht urteilen, denn sie sind und waren immer ohne moralischen Wert; sie sind moralisch neutral. So lobt man niemanden, der sich gut pflegt, Sport treibt und auf seine Gesundheit achtet. Man unterstellt auch nicht, dass der Betreffende sich ein moralisches Ziel gesteckt habe. Man wird ihn höchstens wegen seiner Selbstdisziplin bewundern und ihm Anerkennung zollen, weil er so vernünftig lebt. »Handlungen, die ein ausschließlich persönliches Ziel verfolgen«, so Emile Durkheim, »sind ohne moralischen Wert, welche Ziele es auch sein mögen.«[1]

Die gleiche Handlung kann jedoch völlig anders eingeschätzt werden, wenn sie kein persönliches Ziel verfolgt. Nehmen wir an, jemand sorgt sich nicht aus lebensästhetischen Gründen darum, gesund zu bleiben, sondern weil er sich verantwortlich für eine Familie fühlt, die es zu ernähren gilt. Damit verfolgt er kein persönliches Ziel mehr, sondern Adressat seines Tuns ist eine Gemeinschaft. Er handelt nicht, damit es ihm gut geht, sondern um andere am Leben zu erhalten.

Moralisch nennt man nur solche Handlungen, die unpersönliche Ziele verfolgen. Sie stehen über dem Individuum und zielen auf Gruppen, in denen Individuen zusammengeschlossen sind: Gesellschaften also.

Moralisch sind demnach jene Ziele, die eine Gesellschaft zum Objekt haben. »Moralisch handeln heißt im Hinblick auf ein Kollektivinteresse handeln.«[2] Damit beginnt der Bereich der Moral dort, wo der soziale Bereich anfängt.

In Deutschland bestehen verständlicherweise Hemmungen, den Begriff »Gemeinschaft« zu benutzen, da er durch das Vokabular der Nationalsozialisten, die von der »Volksgemeinschaft« sprachen, belastet ist. Wenn hier von Gemeinschaft gesprochen wird, dann geht es nicht um eine ethnische Gruppe, sondern um eine Menschengruppe, die in einer bestimmten Art und Weise denkt, fühlt und lebt. Unter Gemeinschaft kann man jede menschliche Gruppe verstehen, von der Familie über die Nachbarschaft, die Stadt, den Staat bis hin zur Menschheit. Es handelt sich also ausschließlich um die politische Gesellschaft.

Nun lebt jede demokratische Gesellschaft von der Auseinandersetzung um Interessen und das vermeintlich richtige Handeln in der Politik. Dabei kann es zu Konflikten um das jeweilige Gewicht unterschiedlicher Wertvorstellungen kommen. Manche moralischen Ziele können wichtiger sein als andere. Um die Geltung von Werten müssen die verschieden denkenden Gruppen in einem staatlichen Gesellschaftsgebilde ringen. Damit eine Gesellschaft Ziel moralischen Handelns sein kann, muss sie mehrere Voraussetzungen erfüllen.

Die erste, und sicherlich wichtigste, liegt in dem »Gesellschaftsvertrag«, den die Individuen untereinander abschließen. Bei Jean-Jacques Rousseau heißt es dazu: »*Gemeinsam stellen wir alle, jeder von uns, seine Person und seine ganze Kraft unter die oberste Richtschnur des Gemeinwillens; und wir nehmen, als Körper, jedes Glied als untrennbaren Teil des Ganzen auf.* Dieser Akt des Zusammenschlusses schafft augenblicklich anstelle der Einzelperson jedes Vertragspartners eine sittliche Gesamtkörperschaft …«[3]

Zerfiele eine Gesellschaft nur in eine einfache Ansammlung von Individuen, dann besäße sie keinen moralischen Charakter. Denn wenn die auf seine eigene Person gerichtete Handlung eines Individuums ohne jedes moralische Ziel ist, dann kann auch die Summe der individuellen Interessen nicht mehr sein.

Zweitens: Der Mensch muss ein Interesse haben, den Gesellschaftsvertrag zu unterschreiben und einzuhalten. Denn weshalb sollte er die Gesellschaft als Ziel seines Verhaltens annehmen, wenn sie über ihm schwebt, ohne dass ihn irgendein inhaltliches Band verbindet?

Es wird nun unter Wissenschaftlern darüber diskutiert, ob die Moral ein Bindeglied der Gemeinschaft sei und ob eine Gesellschaft durch den Wertekonsens zusammengehalten wird. Der Wertekonsens hat sicherlich nicht die gleiche Kraft, mit der eine Gesellschaft gemeinsamer Sprache und Kultur gebündelt wird, aber er spielt als politisches Ziel, das alle Individuen anstreben sollten, um das gemeinsame Leben in geregelte Bahnen zu lenken, eine einende Rolle. Denn eines ist gewiss: Das Individuum, und sei es noch so selbstständig, ist umgeben von anderen Individuen und muss deshalb Regeln folgen, die das Leben ordnen.

Im Alltag führen die meisten Handlungen des einen Reaktionen des anderen herbei. Nehmen wir an, zwei Personen wollen durch eine Tür gehen. Die beiden müssen sich arrangieren, soll das reibungslos funktionieren. Oder: Ein Fußgänger überquert eine Straße, was den Autofahrer zu bremsen zwingt. Wenn nun Soziologen meinen, in den modernen Zeiten sei eine Gesellschaft ohne Zusammenhalt die große Chance für das Individuum, dann reden sie einer Anarchie das Wort und träumen von einem Leben ohne Herrschaft. Das aber ist eine Utopie.

Und doch ist nicht zu leugnen, dass manche ethischen Werte Bürger für den Zustand ihrer Gesellschaft Verantwortung empfinden lassen und sie zu solidarischem Handeln motivieren, obwohl diese durch keine staatlich fixierte Regelung dazu gezwungen wären. Allein das Wissen um Tugenden wie Solidarität, Verantwortung und Gerechtigkeit veranlasst viele Menschen, sich freiwillig und ohne Entlohnung für die Gemeinschaft einzusetzen.

Proben aufs Exempel

Der Bürgerkrieg im zerfallenden Jugoslawien währte gerade mal ein Jahr, da sammelte der Kreuznacher Geschäftsmann

Ulrich Grass, der seit kurzem geschäftliche Beziehungen nach Kroatien unterhielt, mit Hilfe seiner Tochter Simone und einiger ihrer Klassenkameraden am Gymnasium Zahnbürsten und Zahnpasta, die er auf einer Geschäftsreise Ende Oktober in einem Flüchtlingslager in Slowenien verteilte. Die dort herrschende Armut machte Grass so betroffen, dass er nach seiner Rückkehr die Schülersprecher mehrerer Gymnasien zusammentrommelte und anregte, die Schüler sollten überlegen, wie sie den Opfern des Kriegs helfen könnten. Die einfachste Möglichkeit, einen Betrag aus der Kasse der Schülermitverwaltung auf ein Spendenkonto einer Hilfsorganisation zu überweisen, verwarfen die Schüler von vornherein, da sie befürchteten, das Geld könnte zweckentfremdet verwendet werden und die Opfer des Krieges nicht erreichen. So beschlossen sie, an allen Schulen im Kreis Bad Kreuznach Gebrauchsgüter zu sammeln. Innerhalb von drei Wochen kamen auf diese Weise achtzehn Tonnen Hilfsgüter zusammen, die mit einem Lastwagen des Arbeiter-Samariter-Bundes in Worms zu verschiedenen Flüchtlingslagern in der Umgebung Zagrebs gebracht wurden. Simone Grass und Clemens Beiersdorf fuhren mit, weil sie sicherstellen wollten, dass alle Pakete bei den Bedürftigen ankamen.

Was Simone und Clemens nach ihrer Rückkehr aus dem ehemaligen Jugoslawien erzählten, führte zunächst zu einer spontanen Bereitschaft, weiterhin zu helfen. Aber im Grunde passierte da noch mehr: Eine Gruppe von dreißig Schülern aus Bad Kreuznach wollte die Augen nicht länger vor einem Krieg verschließen, der nur wenige tausend Kilometer entfernt stattfand und jeden Abend im Fernsehen zu besichtigen war. Binnen weniger Monate schickten die Schüler aus Rheinland-Pfalz sechzehn Lastwagen nach Zagreb. Und sie dehnten die Aktion noch aus.

Im Jahr 1992 beunruhigte die politisch aufgeweckten Schüler aber nicht mehr nur der Krieg im ehemaligen Jugoslawien, sondern auch das wachsende Problem des Rechtsradikalismus in Deutschland. Die Brandanschläge von Hoyerswerda und Mölln beherrschten damals wochenlang den öffentlichen Diskurs. Also beschlossen die Bad Kreuznacher Schüler, mit ihrer Hilfsaktion auch ein deutliches Zeichen gegen Gewalt und Rassismus zu setzen. Schüler aus dem ganzen Bundesland Rheinland-Pfalz wurden zu Sammelaktionen aufgefordert, um zu zeigen, dass ein großer Teil der Jugendlichen sich offen gegen Gewalt und Fremdenfeindlichkeit stellt und sich für Frieden und moralische Werte wie Solidarität und Mitmenschlichkeit einsetzt.

So wurde aus einer kleinen Aktion eine große Bewegung, an der sich Jugendliche aus der ganzen Bundesrepublik beteiligten. Neun Jahre später machten mehrere zehntausend Schüler in der Initiative mit, die inzwischen den Namen »Schüler helfen leben« trägt. Sie alle bekennen sich zu der wichtigen Tugend *Verantwortung*: Denn die Initiatoren von »Schüler helfen leben« achteten darauf, dass die Aktion eine Schülerinitiative blieb. Die Schüler wollten Verantwortung übernehmen; Erwachsene sollten zwar beraten, aber nicht mitentscheiden.

Die Schüler hatten das Glück, von den Erwachsenen ernst genommen zu werden. Eltern vermittelten ein Gespräch mit dem damaligen Ministerpräsidenten Rudolf Scharping, der die Schüler zur Landespressekonferenz einlud. Dort kam die Idee eines Bad Kreuznacher Schülers gut an, auch Geld zu sammeln. Mit Hilfe der Landesschülervertretung wurden an 1700 Schulen in Rheinland-Pfalz Spendenaufrufe unter dem Motto »Jeder Schüler eine Mark« verschickt. Und in allen anderen Bundesländern schlossen sich Schulen an, übernahmen

Ministerpräsidenten die Schirmherrschaft, sodass innerhalb eines Jahres 2,2 Millionen Mark zusammenkamen, die in Absprache mit dem »Verbindungsbüro für deutsche humanitäre Hilfe« in Zagreb und an anderen Orten für schülerbezogene Projekte wie Versorgung, Ausstattung und Wiederaufbau von Schulen, Kindergärten und Waisenheimen, aber auch für direkte menschliche Hilfe in Zentralbosnien verwendet wurden.

Die Aktion »Schüler helfen leben« wird in ganz Deutschland weiterhin von Tausenden von jungen Menschen am Laufen gehalten. Im Sommer gehen sie einen Tag nicht in die Schule, sondern verdienen Geld, das sie der Aktion stiften, wobei Millionen von Mark zusammenkommen. Und was die Jungen können, machen ihnen Leute aus allen Lebensbereichen nach.

Firmen-Manager tun Gutes, Senioren arbeiten ehrenamtlich, das Gemeinwohl ist immer noch ein hehres Ziel. So haben 140 Siemens-Führungskräfte *in spe* auf dem Gelände eines tschechischen Heims für schwer traumatisierte Kinder sechs Hütten, einen Freisitz und einen Volleyballplatz gebaut und zwei Jahre zuvor einen Abenteuerspielplatz im Münchener Problem-Stadtteil Hasenberg eingerichtet.[4]

Zwar klagen deutsche Traditionsvereine, ihnen gingen die ehrenamtlichen Mitglieder aus, doch dies betrifft nur solche Einrichtungen, die ihre Mitglieder ohne ein klar umrissenes Ziel an sich binden wollen. Für zeitlich und inhaltlich begrenzte Projekte finden sich immer mehr Freiwillige. Trotzdem steht Deutschland beim Engagement für das Gemeinwohl nach einer Studie der Europäischen Union an drittletzter Stelle. Während sich 27 Prozent der Europäer mindestens einmal im Monat ehrenamtlich betätigen, sind es in Deutschland nur 18 Prozent.

Doch der Sinn für moralisches Handeln nimmt in einer veränderten, vielleicht sogar qualifizierteren Form wieder zu. Immer mehr deutsche Firmen lassen ihre Mitarbeiter freiwillige Dienste verrichten, was allerdings auch damit zu tun hat, dass diese Unternehmen in der Öffentlichkeit ein besseres Bild abgeben wollen.

»Wenn wir nicht die Tabakindustrie des nächsten Jahrzehnts werden wollen«, sagte Ford-Vorstandsmitglied Hermann Hillman auf dem Kölner Soziologentag 2000, der unter dem Motto »Die gute Gesellschaft« stand, »müssen wir mehr tun, als im Norden von Köln Autos zu bauen.« Und so hat Ford ein Community-Service-Programm in Köln und Valencia eingerichtet, das jedem Mitarbeiter pro Jahr sechzehn Arbeitsstunden zugesteht, um sich ehrenamtlich zu betätigen. In Amerika und Großbritannien wurde dieses Beispiel von »Corporate Citizenship« erfunden, weil sich der Staat aus der Wohlfahrt weitgehend zurückgezogen hat. Beim Kaufhauskonzern Marks & Spencer engagieren sich Führungskräfte bis zu hundert Arbeitstunden pro Jahr in sozialen Projekten. Sony-Manager renovierten Räume eines Behindertenprojekts.

Aber auch in Deutschland lernen Firmen, dass es sich lohnt, sich dem Gemeinwohl mehr zu verpflichten. So hat die Unternehmensberatungsfirma McKinsey, nachdem Mitarbeiter ein Interview mit Sabine Werth von der »Berliner Tafel« im Radio gehört hatten, angerufen und gefragt, wie man helfen könne; daraufhin wurde beschlossen, ein Handbuch über die Einrichtung solcher »Tafeln« zu entwickeln. Dazu wurden zwei oder drei Mitarbeiterinnen von McKinsey drei Jahre lang von ihrer Arbeit freigestellt. Sie sind nach Amerika und durch Deutschland gefahren, um Erfahrungen einzuholen. »Dieses Handbuch ist schon sehr hilfreich«, so Sabine Werth, »gerade für die Neugründung von ›Tafeln‹.«

Auch wenn das Engagement solcher Unternehmen nicht ganz altruistisch ist, so zeigt es doch, dass Führungskräfte der Meinung sind, es sei Zeit zu handeln, weil in der Bevölkerung gut angesehen wird, wer sich für das Gemeinwohl einsetzt. Die öffentliche Meinung stellt sich also doch gegen Egoismus und reinen Materialismus, weil die Bürger sich an ethischen Werten orientieren wollen.

Gemeinsinn, ein höchst moderner Begriff

Wenn es nun richtig wäre, dass der Wertekonsens die Gesellschaft nicht in irgendeiner Form zusammenhält, dann fragt man sich, was denn diese Schüler oder diese sich in Firmen für das Gemeinwohl einsetzenden Menschen motiviert, nicht für sich, sondern für die Gemeinschaft zu handeln? In einer umfassenden Untersuchung über »Freiwilliges Engagement in Deutschland« hat das Bundesfamilienministerium festgestellt:

»Je mehr man freiwillig engagiert ist, umso wichtiger ist einem die Solidarität mit den Schwachen, zugleich aber auch die eigene Entfaltungsmöglichkeit, und zwar nicht primär im Sinne von ›Macht und Einfluss haben‹, sondern im Sinne von ›die eigene Phantasie und Kreativität entwickeln‹.

Man kann dieses Bündel von Eigenschaften am besten mit dem altmodischen Wort ›Gemeinsinn‹ bezeichnen. Manche sprechen auch von dem ›sozialen Kitt, der die Gesellschaft zusammenhält‹[5]. Die Bereitschaft zur Übernahme freiwilliger, ehrenamtlicher Aufgaben und Arbeiten ist ein Aspekt dieser allgemeineren Disposition zum sozialen Verhalten.«

So lässt sich zumindest feststellen, dass der Wertekonsens ein Band sein kann, um die Gesellschaft zusammenzuhalten.

Darüber hinaus ist zu klären, welche Einflüsse den Zusammenhalt fördern und welche ihn mindern. Die Individualisierung ist sicherlich ein, wenn nicht gar *der* wesentliche Grund für einen Rückgang des Gemeinschaftsgefühls, die Schwierigkeiten bei der Identifikation mit der deutschen Geschichte und Nation ein zweiter. Aber es gibt auch andere Motive. Bei einer öffentlichen Anhörung der Enquete-Kommission des Bundestages über die Zukunft bürgerschaftlichen Engagements wurde festgestellt, dass in den neuen Bundesländern erheblich weniger Menschen ehrenamtlich aktiv sind als in der alten Bundesrepublik.

Bundestagspräsident Wolfgang Thierse erklärte dies so: »Erstens war die Errichtung der DDR in bestimmter Weise auch ein Traditionsbruch, also das, was historisch in Deutschland entstanden war an Kultur der Vereine, an Kultur und Engagement vor Ort. Das ist durch die DDR ziemlich zerbrochen worden. Es hatte da alles stattzufinden unter Führung der allein selig machenden Partei SED. Nichts war verdächtiger als Leute, die sich plötzlich zusammentaten und etwas gemeinschaftlich regeln wollten … Zweitens und grundsätzlicher war die DDR eine Diktatur, das heißt, sie hat autoritäre Verhaltensweisen geprägt, erzeugt, die nicht so schnell wieder zu beseitigen sind. Die Erwartung, dass alles von der Partei, vom Staat zu richten sei, hat die SED-Führung der DDR selber erzeugt, und daran mussten sich die Bürger gewöhnen.«[6]

Wie sehr sich das Verhältnis von Bürgern und Gemeinschaftseinrichtungen geändert hat, belegt der dramatische Mitgliederverlust der Parteien. Seit 1990 haben die im Bundestag vertretenen Parteien fast jedes vierte Mitglied verloren. Damals gehörten ihnen 2,3 Millionen Menschen an, und diese Zahl ging seit der Einheit um mehr als 560 000 zurück. Die Verluste bei der SPD sind am größten – wenn man sie in absoluten Zahlen misst. In den zehn Jahren nach 1990 sank ihre Mitgliederzahl um mehr als 200000, was allerdings »nur« einen Rückgang um 21 Prozent bedeutet. Nur noch fünf Prozent der SPD-Angehörigen sind unter dreißig. Vor zehn Jahren war die Zahl noch doppelt so hoch. Dagegen verlor die PDS[7] 68,5 Prozent ihrer Mitglieder. Ähnlich dramatisch war die Entwicklung in der FDP, die 64,9 Prozent verlor, aber mit fast zehn Prozent den höchsten Anteil von Mitgliedern unter dreißig aufweist. Bei CDU und CSU lag der Mitgliederverlust nur zwischen vier und sechs Prozent. Und als einzige Partei konnten die Grünen fast 20 Prozent zulegen, was zusammenhängen mag mit der Tatsache, dass diese Partei sich auf ein Hauptthema festgelegt hat: den Umweltschutz.

Nun kann diese erhebliche Veränderung in den Mitgliederzahlen zweierlei bedeuten: Zum einen könnten sich die Leute abwenden, weil sie der Politik überdrüssig sind; zum anderen könnten sie die Parteien verlassen, weil sie diese Art der Organisation nicht mehr für zeitgemäß halten. Für beide Phänomene gibt es Anzeichen.

Zwar gehen die Menschen davon aus, dass in den kommenden Jahren technische Revolutionen das Leben erheblich verändern werden, dass Arbeitswelt und Privatleben durch die Folgen von Internet und Computer, von Gen- und Biotechnologie völlig umgestülpt werden und nichts mehr so sein wird wie vorher, aber gleichzeitig sind in der Politik höchstens pragmatische Korrekturen des Bestehenden zu beobachten. Weltbewegende Visionen, die einen in Bann schlagen, sind nicht in Sicht. Das vergangene Jahrhundert war eines der politischen Entscheidungen, die die Gesellschaft und das Leben des Einzelnen von Grund auf veränderten. Doch nun scheint die Politik kein Machtfaktor mehr zu sein, der die Zukunft wesentlich beeinflussen könnte.

Da die technischen und wissenschaftlichen Entwicklungen von heute sehr viel komplizierter sind als die Erfindung der Dampfmaschine oder des Autos, haben die Menschen nicht das Gefühl von »Schöpfermacht«, sondern empfinden sich eher als unwichtig und einflusslos. Daraus ergibt sich eine gefährliche Kluft. Sie zeigt die Individuen als hilflose Teile der Bevölkerung. Denn während 70 Prozent der Leute den technischen Fortschritt als zukunftsgestaltende Kraft bezeichnen, meinen nur 15 Prozent, dass die Zukunft auch von den Vorstellungen und dem Denken der Bürger abhängt.[8]

Aus diesem Zwiespalt »große Umwälzungen – wenig Mitwirkung« ergibt sich zwar ein optimistischer Blick in die technologische Zukunft, aber gleichzeitig sehen viele Menschen mit großer Skepsis auf die Entwicklung der Gesellschaft. Zwei Drittel der Bevölkerung sind davon überzeugt, dass die technische und wirtschaftliche Zukunft den sozialen Zusammenhalt aufweicht und besonders den Älteren die Orientierung in der Gesellschaft erschwert. Die Bevölkerung befürchtet ein Auseinanderfallen der Gesellschaft, eine Zunahme materialistischen Denkens, soziale Kälte und Egozentrik. Die Starken würden sich durchsetzen, die Schwachen auf der Strecke bleiben, heißt es. Reichtum und Armut würden gleichzeitig steigen; und das bedeute eine Verschärfung der sozialen Gegensätze.

Den besten Beweis dafür, dass egoistischer Materialismus über die bisher bekannte Solidarität triumphiert, haben die Piloten der Lufthansa mit ihren Gehaltsforderungen von mehr als 30 Prozent und den Streiks im Frühjahr 2001 geliefert. Die Flugkapitäne haben das getan, was die Wirtschaft und die Mehrheit der Ökonomen von den Gewerkschaften fordert: sich flexibel zu verhalten. Betriebe sollen zum Beispiel Tariflöhne unterschreiten können, wenn auf diese Weise

Arbeitsplätze entstehen oder gerettet werden. Ja, Betriebsräte sollen selbst Tarifpolitik betreiben können. Mit ihrem Vorgehen haben die Piloten das System der Flächentarifverträge in Frage gestellt und damit die Lohnpolitik in Deutschland, wie sie sich in den vergangenen fünfzig Jahren entwickelt hat. Doch nun ist das alte Gewerkschaftsmotto »Gemeinsam sind wir stark« nur noch Schrott wert.

Die Lufthansa-Piloten haben sich tarifpolitisch aus der Gesamtbelegschaft herausgelöst und ihren eigenen Berufsverband zur Gewerkschaft erklärt. Damit verfolgen sie konsequent ihre Partikularinteressen. Sie begründen ihre Forderungen rein mikroökonomisch mit der Sanierungsgeschichte der Lufthansa und den Gehältern der Kollegen bei anderen Luftfahrtgesellschaften. Makroökonomische Themen wie die Konjunktur oder Fragen der Solidarität wie das Gehaltsgefüge des gesamten Betriebes lassen sie außer Acht. Schließlich geht es ja nur um 4200 Leute. Doch schon will auch das Kabinenpersonal eine eigene Tarifvertretung ins Leben rufen.

»Denkt man diese Art der Flexibilisierung zu Ende«, so schreibt Nikolaus Piper in der *Süddeutschen Zeitung*, »dann landet man im England der siebziger Jahre: Dutzende von Berufsverbänden konkurrieren und streiken die Volkswirtschaft zu Grunde.«[9]

Nun könnte man meinen, dass eine solch pessimistische Einschätzung der Zukunft die Bürger aufschrecken und zu politischem Handeln erwecken müsste. Doch ganz im Gegenteil. Visionen und Utopien einer besseren Welt, wie sie die Jugend in den sechziger und siebziger Jahren des 20. Jahrhunderts bewegten, sind mit dem Scheitern des sozialistischen Blocks verblasst. Nicht Fragen nach dem Sinn des Lebens oder nach der politischen Zukunft der deutschen

Gesellschaft beschäftigen heute die Menschen, sondern an erster Stelle steht das Interesse an Reiseinformationen, gefolgt von Tipps zur Gesundheit, für Haushalt, Garten und Freizeitgestaltung.

Repräsentative und partizipatorische Demokratie

Die Mehrheit der Bevölkerung sieht zwar die Gesellschaft auf dem Weg zu einem kalten Materialismus, möchte sich aber nur zu 14 Prozent mit dieser Frage auseinander setzen.[10] Zahlen allein können jedoch trügen. Denn aus ihnen darf man nicht den Schluss ziehen, die Bürger seien politikverdrossen. Sondern mit der Veränderung der Lebensumstände, mit der Zunahme an Wissen und Erfahrung hat sich auch das politische Leben gewandelt. Aus der repräsentativen Demokratie könnte sich die partizipatorische Demokratie entwickeln. In der repräsentativen Demokratie zählt jede Stimme bei allgemeinen Wahlen gleich; doch, so der Politikwissenschaftler Franz Walter, »in der partizipatorischen Demokratie zählen die Ressourcen Wissen, Sprache und Kompetenz mehr. Partizipation verschärft die Klassendifferenzen, prämiert Bildungsprivilegien.«[11]

Tatsächlich sind die alten Bindungen an Parteien zurückgegangen, weil im Wege der Industrialisierung auch die alten Pflichtwerte an Bedeutung verloren haben. Die Betonung der Selbstentfaltung geht mit einer Privatisierung des Lebens einher, aber sie führt bei einer wachsenden Minderheit zu einer bewussteren politischen Einschätzung. Und die Mitglieder dieser gesellschaftlichen Gruppe sind politisch, kritisch, besser informiert, bereit zu Aktionen, allerdings weniger in etablierten Formen und nicht nach den Methoden, wie sie bisher bei den etablierten Parteien gebräuchlich sind. Die Bürger zweifeln mehr an der Fähigkeit der Politiker, weil sie selbst an Kompetenz und Kritikfähigkeit zugelegt haben. Und deshalb sind Nichtwähler häufig politisch besonders interessierte Menschen, die auf Grund ihrer hohen Urteilsfähigkeit mit keiner der angebotenen Möglichkeiten zufrieden sind und sich deshalb entscheiden, nicht zu wählen. Früher hätten sie wahrscheinlich aus Tradition und Verbundenheit einer der etablierten Parteien ihre Stimme gegeben.

Und aus denselben Gründen ändert sich auch die Bereitschaft, in Parteien (oder anderen Einrichtungen, wie Gewerkschaften etc.) kontinuierlich mitzuarbeiten. Zwar nehmen die Mitgliederzahlen bei den meisten der traditionellen Vereinigungen ab, dennoch ist das prinzipielle Niveau der Bereitschaft zur Partizipation in Deutschland hoch, ja, sie hat sogar zugenommen; »aber diese Bereitschaft vagabundiert seit Jahren eher ziellos herum, da die politischen und staatlichen Institutionen sich dagegen weitgehend sperren«[12].

Die im vergangenen Jahrzehnt erheblich gestiegene Mobilität führt dazu, dass ein junger Mensch sich nicht vorstellen kann, dabei zu sein, wenn die Ortsvereine mit ihren Studienräten, Verwaltungsbeamten und Rentnern regelmäßig zusammenkommen. In der freien Wirtschaft Tätige sitzen dann noch im Flugzeug, ICE oder am Laptop und wissen ohnehin nicht, wie sie mit der Arbeit fertig werden sollen. Wenn sie trotz der Bereitschaft zur Partizipation sich nicht engagieren, liegt es nicht am Desinteresse, sondern am Fehlen der zu ihrem Zeitraster passenden Beteiligungsform. Deshalb müssen die Parteien umdenken.

In der Politik hat Bundeskanzler Gerhard Schröder gehandelt, indem er inhaltsbezogene Kommissionen eingerichtet hat, wie etwa den Nationalen Ethikrat. Unabhängig von Parteibüchern werden qualifizierte Fachleute gewonnen, um ihre Kompetenz und ihr Wissen für ein Projekt einzubringen; ein Projekt, das sachbezogen und damit begrenzt und auf ein Ziel ausgerichtet ist. Wer sich daran beteiligt, der weiß sehr viel genauer, worauf er sich einlässt. Auch kann er seine eigene Person in einem solchen Projekt besser platzieren und abschätzen, welchen Aufwand dieser Einsatz erfordert.

Moderne politische Parteien bauen deshalb neben dem traditionellen Gefüge ein paralleles Netzwerk aus Themeninitiativen auf. Darin wirken Parteimitglieder und Nichtmitglieder unabhängig von Ortsvereinen oder Parteibezirken mit. Somit werden politische Erfahrung und berufliche Kompetenz miteinander verbunden, und durch die Initiativen werden Bürger mit dem politischen Geschäft in einer Art und Weise verknüpft, die sie nicht an Parteibeschlüsse bindet oder in ideologische Richtungskämpfe verstrickt.

Konsequent diese Gedanken umsetzend, hat auch der Bundesgeschäftsführer der SPD, Matthias Machnig, im Frühjahr 2001 eine organisationspolitische Neuorientierung seiner Partei gefordert. Zusätzlich sollten neben den bestehenden Parteigremien Netzwerke zu einzelnen Themenkomplexen gebildet werden, die als Diskussionsplattform dienen und parteilose Fachleute mit einbeziehen. Denn nur auf diese Weise erlange die Partei Zugang zu gesellschaftlichen Kreisen, die sich der Parteipolitik nicht mehr zuwenden. Auch Machnig machte die Erfahrung, dass Jugendliche und Führungskräfte keine Zeit mehr haben, sich in Parteigremien zu engagieren. Aber mit dem neuen Netzwerk kann die Volkspartei ihrer fortschreitenden Überalterung entgegenwirken, da sonst die Qualifikationen und Erfahrungen jüngerer Menschen in der SPD nicht mehr vertreten wären. Für die anderen etablierten Parteien gilt dies genauso – und auch sie reagieren.

Die SPD erhält bei Bundestagswahlen im Schnitt um 40 Prozent der Stimmen, doch sie kann sich im Jahr 2001 nur noch auf 13 Prozent Kernwähler und 12 Prozent Randwähler stützen – was gerade einmal 25 Prozent ergibt. Dies ist das Ergebnis der Individualisierung der Gesellschaft. »Parteien werden künftig mehr oder minder befristete, sozial und kulturell heterogene Wählerallianzen organisieren müssen, um Wahlerfolge zu erzielen«, analysiert Machnig.[13]

Mit projektbezogenen Initiativen kann eine Partei schneller auf aktuelle Themen reagieren, was in der beschleunigten Informationsgesellschaft sinnvoll ist. Und da in den Gesellschaften immer komplexere Fragen der Gegenwart beantwortet werden müssen, haben sich die Parteigremien den Fachleuten zu öffnen. In allen Bereichen der Gesellschaft hat eine Spezialisierung des Wissens stattgefunden, und dieser Entwicklung muss auch eine Partei folgen, indem sie sich zu einer politischen »Dienstleistungsformation« wandelt. Netzwerke haben außerdem den Vorteil, dass sie nicht an Parteigremien gebunden sind und so keine Rücksicht auf »innerparteiliche Kartographien« nehmen müssen.

Die Netzwerke und Themeninitiativen können die demokratisch legitimierten Parteigremien genauso wenig ersetzen, wie Schröders Kompetenz-Kommissionen Entscheidungen des Bundestages vorwegnehmen können. Sie dienen lediglich dazu, Inhalte lebendig zu machen, zu diskutieren und aufzuarbeiten. Denn eines der Probleme der bestehenden Parteistrukturen ist, dass sich die meisten der seit anno dazumal bestehenden Ortsvereine und Unterbezirke kaum mit bundespolitisch relevanten Fragen befassen. Der SPD-Bundesgeschäftsführer Machnig hebt jedoch hervor, dass es sich bei der Einrichtung von Netzwerken nur um eine Anpassung der Organisationsstrukturen handele. Dies bedeute aber keineswegs eine Anpassung der Inhalte und Wertorientierungen an den Zeitgeist.

Wenn Regulierungswut die Gesellschaft blockiert

Die Kluft zwischen der Gemeinschaft und dem Bürger klafft immer weiter auf, nicht nur wegen der Individualisierung, sondern auch wegen eines verkrusteten, manchmal ungerechten, ja häufig auch hochmütigen öffentlichen Gemeinwesens, wegen eines Staates, der den mündigen Bürger wie ein entmündigtes Wesen gängelt. Da ist es häufig kein Wunder, wenn sich selbst ein verantwortungsvoller Staatsbürger mit Grausen abwendet und verzweifelt darüber nachdenkt, sich eine Privatmoral zuzulegen. So ist ein häufiges Delikt der Steuerbetrug. Und bei dem helfen die Banken, wie bereits erwähnt, kräftig mit: Einem Kunden, der mehr als die Hälfte seines Einkommens als direkte Steuer an den Staat abführen muss, wird vorgeschlagen, über ein Konto etwa in Luxemburg die Steuerzahlungen »zu verkürzen«, wie es im Bankenslang heißt. In Luxemburg liegt das Geld natürlich bei einer Tochterbank. Viele Steuerzahler haben sich zu dieser Art »Notwehr« verführen lassen. Notwehr deswegen, weil ja sogar das Bundesverfassungsgericht entschieden hat, der Staat dürfe nicht mehr als die Hälfte des Einkommens wegsteuern. Das Gewissen wird auch durch die Komplizenschaft der Bankiers, die möglicherweise sogar Anstifter sind, gemildert. Denn wenn die Herren, die ja wissen müssen, was erlaubt ist und was nicht, vorschlagen, was nicht erlaubt ist, traut sich manch einer, was er von sich aus nie getan hätte.

Das Argument der »Notwehr« zieht nicht. Dennoch muss die öffentliche Hand sehr viel sorgsamer mit dem Geld der Gemeinschaft umgehen, als dies bisher geschieht. Die jährlichen Berichte über die Verschwendung von unzähligen Milliarden lassen beim Bürger Zweifel an der Gesellschaft wachsen. Das Vertrauen in die staatlichen Einrichtungen ist sowieso dramatisch gesunken – kein Wunder angesichts dessen, was der Einzelne täglich im Umgang mit den Behörden als Ausdruck des Gemeinwesens erlebt.

So schildert der Rechtsanwalt Thomas Kirchner kafkaeske Erfahrungen, die er machte, als er eine Französin heiraten wollte. Er hatte sie während eines Studienaufenthaltes in Toulouse kennen gelernt, wohin er im Rahmen des europäischen Erasmus-Programms gekommen war. Doch die Eheschließung zwischen dem Deutschen und der Französin geriet zu einer Bürokratie-Groteske. Um in Deutschland ihren deutschen Bräutigam Thomas Kirchner heiraten zu können, benötigte die französische Braut Agnès Bouzanne des Mazery ein französisches Ehefähigkeitszeugnis. Dies sollte nach Auskunft des Freiburger Standesbeamten beim französischen Konsulat in Stuttgart ausgestellt werden. Der Standesbeamte teilte jedoch gleich mit, dass Deutschland dieses Zeugnis nicht akzeptieren werde, da es nicht in Frankreich ausgestellt sei. Dennoch müsse es vorliegen, wenn auch die Französin Bouzanne des Mazery von der »Erforderlichkeit dieses Nachweises« befreit werden könnte. Das Konsulat stellte das Papier aus, das Oberlandesgericht Karlsruhe befreite die Französin von der »Erforderlichkeit des Ehefähigkeitszeugnisses«. Diese Prozedur dauerte mehrere Wochen und verursachte Kosten. Bei der Hochzeit in Freiburg wählte das Paar den Namen der Frau für beide. Als einige Zeit später die erste Tochter auf die Welt kam, ließ das Paar sie in ihr deutsches Familienstammbuch mit dem Namen Bouzanne des Mazery eintragen. Als der Ehemann in Mainz, wo die Familie inzwischen wohnte, beim französischen Konsulat die Eintragung in das französische Familienbuch beantragte, erfuhr er, dass die Namensregelung von Frankreich nicht akzeptiert werde. Dort wird das ehelich geborene Kind nach dem Geburtsnamen des Vaters benannt. Die Namenswahl nach dem liberaleren deutschen Recht bindet Frankreich nicht. Das Konsulat schlug vor, in dem französischen Ausweis die Tochter mit dem Nachnamen Kirchner zu identifizieren und einen Zusatz »nom usuel: Bouzanne des Mazery« hinzuzufügen. Die Eltern könnten aber auch ein französisches Gericht in Nantes um die Genehmigung einer Namensänderung anrufen. Das aber dauert lange – mit ungewissem Ausgang. Auf die Nachfrage des Vaters, wovon die Entscheidung bei Gericht abhängig sei, bekam er die Antwort: Von dessen Dossier. So trägt die Tochter in ihrem deutschen Ausweis den französischen Nachnamen Bouzanne des Mazery, und in ihren französischen Papieren heißt sie Kirchner.

Nach der Redewendung »Von der Wiege bis zur Bahre, Formulare, Formulare« wird der Bürger gegängelt und das Leben überreglementiert. Denn nach dem bürokratischen Staatsverständnis gelten soziale Bereiche nur dann als geordnet, wenn sie rechtlich geregelt sind.

Am meisten klagt die Wirtschaft über Auswüchse der Regulation, da ihr damit das Geldverdienen schwer gemacht wird. So wollte eine Firma kostenloses Telefonieren anbieten, unterbrochen von Werbeblöcken; es wurde verboten. Eine Versandfirma plante, ihre Textilien mit einer »lebenslangen Garantie« zu versehen; es wurde verboten. Und auch ein armer Bäcker, der beim Kauf von zehn Brötchen eine Tragetasche aus Stoff kostenlos liefern wollte, durfte dies nicht tun. Im Sommerschlussverkauf dürfen nur Sportfahrräder angeboten werden, denn sie gelten als Saisonartikel, aber keine normalen Fahrräder, die ja zu jeder Saison benutzt werden können. Noch verrückter geht es im Weingeschäft zu. Da bestehen sieben Güteklassen, die genauestens festgelegt sind. Aber festgelegt wurde auch, wie der Kunde diese Weine zu kosten habe. Damit es gerecht zugeht, muss nicht nur die Güteklasse gewissen Kriterien entsprechen, sondern auch das Probierglas. Nun kann nicht irgendein Glas benutzt werden, sondern das Deutsche Institut für Normung hat zwei Jahre lang geforscht und schließlich das Glas mit der Deutschen Industrienorm (DIN) 10960 entworfen: »Die Norm legt nicht nur die Maße, Volumen, Werkstoff und Ausführung des Probierglases fest, sondern gibt auch die nötigen Hinweise für dessen Anwendung zu Prüfzwecken.«[14]

Durch die Regelungswut wird die Gesellschaft blockiert, und es darf nicht verwundern, wenn das Vertrauen des Bürgers in die staatlichen Einrichtungen immer stärker sinkt. Das aber führt auch zu einem Zerfall der Gemeinschaft. Denn wer den Gesellschaftsvertrag unterschrieben hat, weil er meint, das Leben in der Gemeinschaft müsse nach bestimmten Maßstäben ablaufen, der erfährt plötzlich seine Ohnmacht. Und um ihr zu entfliehen, verweigert er sich. Was soll ein aufgeklärter Bürger davon halten, dass es in Deutschland ein Gesetz über das Branntweinmonopol gibt, das eine Behörde mit rund 500 Mitarbeitern beschäftigt, die Bundesmonopolverwaltung. Sie verteilt jährlich 300 Millionen Mark Steuergelder, indem sie deutschen Brennereien zu Kosten deckenden Preisen Alkohol abkauft, der meist aus Getreide oder Kartoffeln gebrannt wurde. Dann verkauft sie diesen Alkohol sehr viel billiger auf dem Markt. Das ist nichts anderes als eine staatliche Subventionierung, für die es keinerlei Begründung gibt. Will jemand in dieses Subventionsgeschäft einsteigen, dann braucht er nur einem anderen Schnapshersteller sein Brennrecht für ein paar tausend Mark abzukaufen.

Was auf dem nationalen Sektor seine Blüten treibt, das wird auch auf europäischer Ebene bis zum Exzess perfektioniert. So hat Brüssel eine »Richtlinie zur Angleichung der Rechtsvorschriften der Mitgliedsländer über die Innenausstattung der Kraftfahrzeuge« erarbeitet. Da müssen erst einmal die Definitionen stimmen, sonst versteht ein Franzose etwas anderes unter einer Öffnung eines elektrischen Fensters als ein Italiener oder ein Deutscher: »Öffnung ist – vom Innenraum des Fahrzeugs aus gesehen oder im Fall einer Trennwand/Trennscheibe vom hinteren Teil des Insassenraums aus gesehen – die größte (nicht verdeckte) Öffnung zwischen der oberen Kante oder der vorderen Kante (je nach Schließrichtung) eines fremdkraftbetätigten Fensters, einer Trennwand/Trennscheibe oder eines Schiebe-/Hubdachs und der Fahrzeugstruktur, die den Abschluss des Fensters, der Trennwand/-Scheibe oder des Schiebe-/Hubdachs bildet.«

Geregelt wird auch der Winkel, in dem eine Gurke gekrümmt sein muss. Und es wurde sogar eine »Verordnung zur Genehmigung eines Systems zur Kennzeichnung von Stieren, die für kulturelle oder sportliche Veranstaltungen bestimmt sind« ausgearbeitet. Alle Welt war ratlos, wie solche Stiere zu erkennen seien, doch jetzt wissen wir es:

»Kennzeichnungsmethoden:

a) zwei Kunststoffohrmarken

b) eine oder zwei Metallohrmarken und ein Brandzeichen oder

c) eine Kunststoffohrmarke und ein Brandzeichen.«

Einige moderne Politiker haben inzwischen eingesehen, welcher Unsinn da floriert, und Arbeitsgruppen eingerichtet, die jedes neue Gesetz, jede Verordnung daraufhin untersuchen, ob es/sie notwendig und wirksam ist. Doch von den mehr als 5500 Gesetzen und 18000 Verordnungen und 85000 Paragraphen, die seit der Gründung der Bundesrepublik in Kraft getreten sind, müssten Tausende wieder abgeschafft werden. Kluge Politiker fordern deshalb, Gesetze nur noch auf Zeit zu erlassen. Und tatsächlich hatte die ehemalige SPD-Regierung des Saarlands begonnen, sämtliche Verwaltungsvorschriften, die vor 1980 erlassen wurden, mit einem Verfallsdatum zu versehen. Noch wichtiger wäre es, weniger festzulegen und auf die Einsicht des Bürgers zu zählen, die allerdings nur dann voll zum Tragen kommt, wenn der Bürger gefordert und nicht gegängelt wird.

In der Bundesregierung hat Gerhard Schröder eine Stabsstelle eingerichtet, deren Aufgabe es ist, ein »Handbuch zur Gesetzesfolgenabschätzung« zu erarbeiten. Aber an das wahre Problem traut sich immer noch kein Politiker. Es gibt zu viele Behörden und, noch gravierender: zu viele Abgeordnete. Schon seit Jahren wird an einer Parlamentsreform gebastelt, und bei jeder Analyse haben Führungspersönlichkeiten der Bundestagsfraktionen festgestellt, dass der Bundestag mit vierhundert Abgeordneten ideal besetzt wäre. Zwar wird die Zahl der Abgeordneten bei der Bundestagswahl 2002 sinken, aber längst nicht auf die Zahl, die ein jeder für richtig hält. Es fehlt an Mut (welcher eine Tugend ist), was jene Politiker blockiert, die eine solche Verkleinerung herbeiführen könnten. Sie fürchten, von ihrer Partei abgestraft zu werden, wenn sie zu viele Posten streichen.

Vierhundert Abgeordnete im Bundestag würden bedeuten, dass genügend Politiker im Parlament säßen, um die Arbeit des Gesetzgebungs- und Kontrollorgans zu bewältigen. Mehr Abgeordnete bedeutet, dass sie beschäftigt werden müssen. So wurden Ausschüsse eingerichtet, auf die man verzichten könnte; und da diese etwas tun müssen, bereiten sie Gesetze vor, auf die man verzichten könnte. Damit der Einzelne einen Sinn im Gesellschaftsvertrag sieht, müssen die Einrichtungen der Gemeinschaft entrümpelt und so gestaltet werden, dass der Bürger darin seine Gemeinschaftseinrichtung erkennt. Das könnte allerdings ein Jahrhundertprogramm werden.

Bürger erfahren in ihrer Gemeinde am besten, was schief läuft. Und trotz immer neuer Veröffentlichungen, trotz der Skandale, die aufgedeckt werden und Politiker zum Rücktritt zwingen, wiederholen sich Affären, die den Wähler mit der Achsel zucken lassen. Die sind doch alle so!, heißt es dann. Der Wähler übt seine Macht zu wenig aus, denn er sollte in einer Demokratie Politikern die rote Karte zeigen, wenn sie sich nicht den Regeln entsprechend verhalten. Gerade dort, wo eine Partei jahrzehntelang die Macht für sich gepachtet hat, ist es guter demokratischer Brauch, einen Wechsel herbeizuführen, damit der Filz aufgebrochen wird.

Leider haben politische Parteien jedoch die Angewohnheit, sich untereinander zu arrangieren. In Hamburg flog einige Monate vor der Landtagswahl im Herbst 2001 auf, dass Gewerkschaften und SPD sich so benahmen, als gehörte der Staat ihnen. So nutzte die SPD ABM-Kräfte im Wahlkampf zum Malen von Transparenten, zum Kleben von Plakaten und Verteilen von Flugblättern, »mit dem Ziel, die Bevölkerung zur Abwahl der Kohl-Regierung zu animieren«. Dies berichtete eine ehemalige Mitarbeiterin eines 1984 gegründeten Vereins »zur Betreuung von Arbeitslosen« der Hamburger Sozialbehörde. Der Verein stand im Telefonbuch unter einer Durchwahl des DGB in Hamburg. Vorsitzender war der

DGB-Landeschef Erhard Pumm, SPD-Abgeordneter im Landesparlament. Geschäftsführer des Arbeitslosenvereins war der Gewerkschafter und Sozialdemokrat Helmut Diekwisch. Und die ABM-Kräfte sollen regelmäßig kalte Platten für Gewerkschaftsfunktionäre zubereitet und nebenbei auch ein Ferienheim des DGB und Vereinsräume renoviert haben. So wie die Bankiers ihren reichen Kunden die »Steuerverkürzung« ermöglichen, so haben hier Gewerkschafter die Schwarzarbeit organisiert.

Keiner scheint die Regeln des Staates mehr ernst zu nehmen. Es wird Zeit zu handeln, sollte sich der Wähler sagen, um den Werten wieder einen Wert zu geben.

Kapitel 5

Die Menschenwürde ist unantastbar
Über die ideellen Grundlagen von Werten

Grundrecht und Grundgesetz

In der Allgemeinen Erklärung der Menschenrechte findet sich am Anfang die Feststellung, alle Menschen seien frei und gleich an Würde und Rechten geboren. Die Würde wird mit der Vernunft, die Rechte werden mit dem Gewissen gepaart. Aus der Vernunft leitet sich die Einsicht in die Regeln der Gemeinschaft ab, und mit dem Gewissen verbindet sich die Erkenntnis, dass ein jeder verpflichtet ist, diese Regeln einzuhalten. Da diese Erklärung der Menschenrechte von der Generalversammlung der Vereinten Nationen ohne eine einzige Gegenstimme beschlossen wurde, kann man von einem universellen Einverständnis über dieses Bekenntnis ausgehen.

Auch das Grundgesetz der Bundesrepublik Deutschland bekräftigt mit dem Satz »Die Würde des Menschen ist unantastbar« das Fundament für die Grundrechte der Bürger. Diese Festschreibung hat ihre besondere Bedeutung, denn sie erfolgte wenige Jahre nach dem Ende des Dritten Reichs, nach der Herrschaft der Nazis und dem Mord an sechs Millionen Juden, Roma und Sinti und Regimegegnern, also wenige Jahre nachdem die Menschenwürde grob missachtet und brutal angetastet worden war.

Nichts ist wichtiger, als sich darüber bewusst zu werden, wann die Menschenwürde beginnt und wann sie endet, denn daran orientieren sich fundamentale ethische Werte. Und besonders in Zeiten, in denen über die Grenzen des Handelns neu nachgedacht werden muss, weil die Forschung die Möglichkeiten des menschlichen Tuns erheblich erweitert. So haben Naturwissenschaftler in den letzten zehn Jahren bis dahin unbekannte Felder des Wissens eröffnet, die der Menschheit wichtige moralische und rechtliche Entscheidungen abverlangen. Allein die Frage, ob an embryonalen Stammzellen geforscht und Präimplantationsdiagnostik (PID) betrieben werden darf, fordert vom Menschen eine Festlegung ab, wann die Menschenwürde, ja, wann das menschliche Leben beginnt. Und die Transplantationsmedizin erzwingt eine exakte Definition des komplexen Begriffs »Tod«: Wann genau ist der Mensch tot? Wie ist der Eintritt des Todes festzustellen? Das richtige Handeln ist gerade hier von einer verlässlichen Vorstellung und Respektierung der Menschenwürde abhängig.

Bei Kant – wie in der Literatur zum Bereich Ethik überhaupt – spielt der Begriff der Würde eine erhebliche Rolle. Aus der Würde des Menschen wird jede vernunftgesteuerte Ethik hergeleitet. Und weil die (unteilbare!) Menschenwürde der Grundwert ist, auf dem das Grundgesetz der Bundesrepublik Deutschland basiert, haben Gesetzgeber und Bundesverfassungsgericht diesen Begriff zur Grundlage aller ihrer Entscheidungen gemacht. Die Menschenwürde, so wird postuliert, sei ein für alle Mal der allein gültige Maßstab.

Doch das Wissen, was die Menschenwürde ist, verändert sich. In den Jahrtausenden, in denen über Ethik nachgedacht wird, haben neue Einsichten die Menschheit immer wieder dazu veranlasst, ethische Prinzipen zu verändern: entweder auszuweiten oder einzuschränken. Für Aristoteles war die Sklaverei noch Normalität!

Ein Grundsatz ethischen Denkens lautet: Nicht das Gesetz bestimmt die Moral, sondern die Moral bestimmt das Gesetz. Erst veränderte Denkweisen haben zur Abschaffung der Todesstrafe geführt, erst aufklärerisches Denken hat die Bestrafung von Homosexualität aufgehoben. Und jeder, der sich mit Fragen ethischer Werte befasst, bemüht die Würde des Menschen als schlagendes Argument.

Schon allein die Erkenntnisse der Genforschung bringen neue Tatsachen von unermesslicher Bedeutung für den Menschen mit sich. Diese Erkenntnisse gehen so weit, dass die Gesellschaft neu darüber nachdenken muss, wie sie die Menschenwürde definieren will, um alle weiteren Konsequenzen daraus zu ziehen.

Menschenwürde – Versuch einer Begriffsbestimmung

Die Menschenwürde beginnt nach überwiegender Meinung der Deutschen mit dem Beginn des Lebens, das vom Bundesverfassungsgericht mit der Verschmelzung von Samenzelle und Ei festgelegt wurde. Doch das ist ein willkürlich angenommener Zeitpunkt, wie auch jede andere Definition willkürlich sein wird. Immanuel Kant meinte, der Mensch besitze Würde, weil er kraft seiner Vernunft Einsicht in sittliche Notwendigkeit habe. Danach gewinnt der Mensch Würde aus eigenem, selbstbestimmtem Verhalten durch gelungene Identitätsbildung. Das kann aber auf eine eben von einem Samen befruchtete Eizelle nicht zutreffen. Ihr fehlt jede Fähigkeit zur Vernunft.

In der gesellschaftlichen Praxis ergeben sich dazu sofort zahlreiche Fragen. Ist der Mensch tatsächlich ein von der Vernunft geleitetes Wesen? Wenn ja, kommen alle, wenn sie Vernunft anwenden, zu den gleichen Ergebnissen? Die Wirklichkeit besagt: nein. Genauso wenig wie der Mensch mit einer ausgebildeten Vernunft auf die Welt kommt, steckt in ihm schon von Geburt an der Kern einer Moral. Gilt also die Menschenwürde erst von der Geburt an? Diese Kantsche Definition wird auch heute noch von Juristen vertreten, wie etwa dem Verfassungsrechtler Horst Dreier, Mitglied im Nationalen Ethikrat. Und daraus ergibt sich, dass manche Philosophen einen Unterschied zwischen der biologischen Festlegung der Menschwerdung und dem Beginn der Menschenwürde machen. Wenn es nun willkürlich erscheint, von welchem Moment an der Mensch mit seiner Würde versehen wird, so gilt dies auch für das Ende.

Noch wichtiger als die Frage nach der Zeit ist die nach dem Inhalt. Doch wer nach einer Definition von »Menschenwürde« sucht, der wird feststellen, dass die Kantsche Formel äußerst ungenau ist. Wenn er auch eine erhebliche Rolle in der Ethik spielt, so ist dieser Begriff doch völlig leer geblieben. »Wenn man fragt, worin die Würde des Menschen bestehe«, schreibt der Philosophie-Professor Malte Hossenfelder, »erhält man je nach Auffassung, die der Autor vom Menschen hat, eine andere Antwort, zum Beispiel, dass sie in der Vernünftigkeit, der Personalität, der Sittlichkeit u. Ä. liege. Man kann sich daher auch gleich mit diesen Begriffen begnügen und auf die Attrappe Würde, die außen glänzend bemalt, innen aber hohl ist, besser verzichten.«[1]

So passt der Begriff der Menschenwürde nur bedingt als Kriterium für richtiges Handeln. Niemand sei glücklich »über die inflationäre Benutzung des Wortes ›Menschenwürde‹«, meint Margot von Renesse, Vorsitzende der Bundestagskommission »Recht und Ethik in der modernen Medizin«: »Das ist wie gerinnende Milch, die im Ergebnis nur Käse ist. Und ideologische Verfestigungen von Verfassungsbegriffen – dass sie fast wie ein Prügel wirken, den man dem anderen auf den Kopf schlagen kann. In der Diskussion sieht das so aus, dass, wer als Erster das Wort ›Menschenwürde‹ in den Mund nimmt, gewonnen hat. Die taugen weder für die Menschenwürde, noch taugen sie für eine Gesellschaft, die der Ort der Ethik sein muss.«[2]

Die Art und Weise, wie die Menschenwürde als Beweis für das jeweils richtige Denken angeführt wird, zeigt, welche emotionale Kraft in diesem Wort steckt. Zwar weiß niemand so recht, was das Wort aussagt, doch Umweltfreunde nutzen es, um Tiere und Pflanzen zu schützen, indem sie auch ihnen eine Würde zusprechen. »Ich halte das für einen unverantwortlichen Rückfall ins magische Zeitalter«, so Hossenfelder, »um rationale Argumentation zu umgehen.« Man beschwöre einen »diffusen, scheinbaren Wert, indem man fordert, man müsse die Würde der Naturwesen wahren. Am Ende tanzen wir wieder um die Bäume und bitten um gnädig gestimmte Geister.«[3]

Neue Tatsachen – neue Maßstäbe

Um einer eventuellen Willkürlichkeit beim argumentativen Umgang mit der Menschenwürde zu entgehen, müssen wir einen Maßstab finden, nach dem neue Tatsachen, wie etwa die Ergebnisse der Genforschung, ethisch berücksichtigt werden. Ethik ist das umfassende Regelgebilde, das unser Handeln bestimmt und hilft, zwischen »gut« und »böse« zu unterscheiden. Gut ist, was uneingeschränkte Achtung vor einem Handeln verlangt, was »in der Befolgung eines kategorisch gebietenden Sittengesetzes alle Glückserwägungen zurückstellt«, so der Philosoph Otfried Höffe[4].

Was im Sinne der Ethik »gut« bedeutet, ist der Maßstab für die Definition von Menschenwürde. »Gut« definiert Kant als eine Frucht der Vernunft: Praktisch gut ist, was objektiv, aus Gründen, die für jeden vernünftigen Menschen gültig sind, den Willen bestimmt.

Wenn wir an dem Beispiel der Gentechnik die Neuausrichtung von Werten erarbeiten wollen, dann können wir sagen: Arbeitsplätze schaffen, biotechnischen Unternehmen eine Entwicklungsmöglichkeit oder Venture-Kapitalgebern große Gewinnaussichten eröffnen, das alles bedeutet noch nicht »gut«. Denn was »gut« ist, kann nicht in materieller Bedeutung, sondern nur in überhöhtem Sinn verwendet werden, da ja ein ethischer Wert nicht materiell messbar ist.

Frei von wirtschaftlichem und emotionalem Denken finden wir, welcher Segen (gut) oder welche Gefahren (böse) in den neuen Entdeckungen der Wissenschaft verborgen sind. »Gut« ist es, wenn jetzt Menschen geheilt werden können, die wegen fehlender wissenschaftlicher Erkenntnisse bisher ihrer Krankheit ohne Aussicht auf eine Besserung ausgeliefert waren – das kann Parkinson oder Alzheimer sein, Krebs oder Aids … Der Wunsch nach Heilung gehört so sehr zu den Segenswünschen des Menschen, dass sie nach Lourdes pilgern, dass Jesus in der Bibel Wunder vollbringt und den Blinden wieder sehen, den Lahmen wieder gehen lässt. Gut ist es sicherlich auch, wenn Eltern, die unter einer Erbkrankheit leiden, dafür sorgen können, dass diese Erbkrankheit nicht auf ihre Nachkommen übertragen wird.

Böse wäre es, einen Menschen willkürlich zu opfern, um einen anderen zu heilen. Böse wäre es sicherlich auch, die Gentechnik zu benutzen, um die Menschen zu durchleuchten und den Nachwuchs nach anderen als medizinischen Vorgaben gentechisch zu bestimmen.

Nach Meinung von Bundesjustizministerin Herta Däubler-Gmelin beginnt das menschliche Leben mit der Verschmelzung von Ei und Samenzelle, und deshalb besitze der Embryo Menschenwürde. Das ist eine juristische, keineswegs eine ethische Feststellung. Und – das sei noch einmal betont – sie ist willkürlich.

Die Briten, die ja beileibe nicht weniger vernunftfähig sind als die Deutschen, legen den Beginn des Lebens juristisch auf den Tag, an dem der Embryo sich in die Gebärmutter einnistet (circa vierzehn Tage nach der Befruchtung). Nach dieser Vorgabe wäre eine Stammzellenforschung und -heilung erlaubt, denn die für Forschung und Heilungszwecke notwendigen embryonalen Zellkulturen werden aus dem Inneren von vier Tage alten Blastozysten entnommen.

Nur wenige, christlich geprägte Länder denken bei der Gentechnologie in so engen ethischen Bahnen wie Deutschland. Nach britischem Maßstab wäre es möglich, das Gute zu tun: Menschen zu heilen. Aber geschieht dabei nicht auch Böses? Werden nicht Menschen willkürlich geopfert? Nein, werden wir sagen können, denn diese Zellen entspringen zwar eine Blastozyste, die durch die Vereinigung von Samen und Eizelle entstanden ist. Aber es handelt sich nur um eine Zellgruppe, die noch nicht zum Menschwerden gedacht ist: weil sie – so die britische Vernunft – sich noch nicht in der Gebärmutter eingenistet hat, um ein Mensch zu werden.

Wer nun meint, diese späte Festlegung sei böse, dem sei entgegengehalten, was in Deutschland erlaubte, also nicht böse Praxis ist. Zur künstlichen Befruchtung werden Eizellen mit Samen zusammengebracht. Doch es werden mehr Eizellen befruchtet als notwendig. So lagern in deutschen Kliniken tiefgekühlt Tausende, wenn nicht gar mehrere zehntausend befruchtete Eizellen. Wenn die Eltern nun auf die Benutzung dieser frühembryonalen Keimbläschen verzichten, wandern diese in den Klinikmüll. Wo, bitte, bleibt da die Würde des

Menschen? Zu Forschungszwecken dürfen diese befruchteten Eizellen nach geltendem Recht nicht benutzt werden. Da widerspricht sich die deutsche Justiz. Analoges gilt für die erlaubten Verhütungs- oder gar Abtreibungspraktiken: Die Spirale im Uterus einer Frau verhindert das Einnisten der befruchteten Eizelle, die Pille danach ebenso.

Es wäre ethisch »gut«, die neuen Tatsachen bei einer vernunftmäßigen Neufestlegung unserer ethischen Maßstäbe zu berücksichtigen. Und das bedeutet: Da Heilen möglich ist, ohne anderen zu schaden, entspricht es der Menschenwürde, Heilen zuzulassen. Derselbe Gedankengang gilt für die Präimplantationsdiagnostik, PID. Auch hier ist der ethische Maßstab zur Unterscheidung zwischen »gut« und »böse« nach der Kantschen Definition zu überdenken.

In Deutschland wird die Debatte um die Gentechnologie wegen der von den Nazis betriebenen Eugenik wenig vernunftgesteuert, sondern verklemmt und emotional geführt. Nach dem Krieg haben deutsche Professoren, die mit Menschenversuchen zur Erhärtung der nationalsozialistischen Rassentheorie sowie der Misshandlung und Ermordung von Juden befasst waren, ihren Weg zurück in die Wissenschaft gefunden. So lehrte etwa der Genetiker Professor Otto von Verschuer in Münster, obwohl er mit dem KZ-Arzt Joseph Mengele zusammengearbeitet hatte. Daraus entstand in Deutschland ein Tabu und ein anscheinend irreversibles Vorurteil gegen die Genforschung. In der öffentlichen Meinung gilt sie als grundsätzlich vorbelastet und böse. Mit rationalem Denken hat das freilich nichts mehr zu tun.

Lange Zeit hat sich die deutsche Regierung vom Genom-Projekt aus eben jenem Tabudenken fern gehalten. Als sie 1997 beschloss, die Biotechnologie mit Subventionen anzustoßen, lud sie den Nobelpreisträger und führenden Genetiker James D. Watson nach Berlin zu einem Kongress ein, bei dem Bundeswissenschaftsminister Jürgen Rüttgers den Sinneswandel der Regierung verkünden wollte. Er erschien aber nicht persönlich, sondern ließ seine Rede von einer Beamtin verlesen. Darin kam die deutsche Vergangenheit nicht vor. Die Beamtin betonte, Deutschland werde sich mit 24 Millionen Mark am Genom-Projekt beteiligen. Aber Forschung, die zu keinen Patenten, also keinem wirtschaftlichen Nutzen führte, habe keinen Platz in der staatlichen Förderung. Über ethische Fragen bei der Verwendung genetischer Informationen sprach die Beamtin nicht. Diese Haltung erregte Watson so sehr, dass er in seiner anschließenden Rede spontan sagte, die Beamtin möge ihrem Minister berichten, »dass der Rest der Welt wenig Erfreuliches darin sehe, wie Deutschland nun in die Genomwelt eintrat ... War nicht die Zeit gekommen, dass die Gemeinde der deutschen Genetiker endlich zugab, tief beschämt zu sein angesichts der Taten ihrer Vorgänger?«[5]

Nicht wirtschaftliche, sondern ethische Motive sollten Maßstab der Förderung sein. Nach dem Motto: Wie kann ich in der Welt Krankheiten heilen? Diese Argumentation wird in Deutschland aber gleich wieder verdreht: Auch die Nazis hätten bei der Eugenik in der Kategorie »Volksgesundheit« gedacht und deshalb Hunderttausende von Behinderten ermordet. Wer dagegen anführt, bei der PID gehe es ja nicht um die Ermordung von Menschen, dem wird entgegengehalten, die Untersuchung eines Embryos auf seine Gesundheit und die dann mögliche Entscheidung, ob er in den Mutterleib eingepflanzt wird oder nicht, entspräche der Nazi-Selektion. Das ist emotionaler Humbug.

Es besteht die Gefahr, dass man Gut und Böse (aus Vorurteilen oder mangelndem Wissen) so gegeneinander stellt wie Weiß und Schwarz – ohne Abstufung. Tatsächlich gibt es

Forscher, die frei von jedem ethischen Denken alle Möglichkeiten der Wissenschaft ausschöpfen wollen und sogar vor militärisch orientierter Gentechnologie nicht zurückschrecken. So meint Professor H. G. Gassen, die Gentechnik beschleunige die Konstruktion von Lebewesen nach von uns geforderten Bedingungen. Da ist die Würde des Menschen tatsächlich in Gefahr.

Aber schon heute lassen viele werdende Mütter aus dem Fruchtwasser fötale Zellen entnehmen, die dann auf gentechnische Defekte hin untersucht werden. Ist der Test positiv, wird abgetrieben. Die PID könnte nun bei vielen *in vitro* erzeugten Kindern die Fruchtwasseruntersuchung vorwegnehmen und der Frau eine später mögliche Abtreibung ersparen. Es gilt also, PID nicht mit dem Totschlaginstrument »Menschenwürde« zu verbieten, sondern ein enges juristisches Gerüst zu entwickeln, das in einigen hundert Fällen pro Jahr, die Eltern mit Erbkrankheiten betreffen, die Nutzung der neuen wissenschaftlichen Erkenntnisse – also PID – im Rahmen einer Güterabwägung erlaubt, so wie das Gesetz auch die Abtreibung von Embryonen aus Güterabwägung gestattet.

Leitlinie des Nachdenkens über die Nutzung der neuen Forschungsergebnisse sollte nicht sein: Was wir bisher dachten, ist der allein selig machende Maßstab. Wem es gelingt, sich davon zu befreien, der kann zu der Erkenntnis gelangen: Stammzellenforschung und die daraus gewonnenen Heilmöglichkeiten verstoßen nicht *per se* gegen die Menschenwürde. Und PID ist – als Güterabwägung – in eng gestecktem Rahmen ethisch nicht verwerflich.

Da sich die Gesellschaft ständig weiterentwickelt, müssen auch Moralbegriffe überprüft und – wenn nötig – angepasst werden. Ethische Handlungsvorgaben dürfen also nicht derart starr gehandhabt werden, dass sie jeglicher Kritik und Reflexion, den beiden hauptsächlichen Vermittlern einer jeden Veränderung, entzogen sind. Voraussetzung für jede bewusste Neuorientierung ist allerdings die Autonomie des Willens der Handelnden.

Zwischen Vernunft und Gefühl

Die Menschenwürde ist also die Grundlage ethischer Werte und dient als Richtlinie für die Auseinandersetzung darüber, was im ethischen Sinn als »gut« und was als »böse« bezeichnet wird. Wenn die Tapferkeit als guter Wert gilt, dient die Vernunft als Mittel, um etwa zwischen den Extremen Feigheit und Übermut das rechte Maß zu finden – das Maß der Mitte. Nun haben wir festgestellt, dass jede Generation ihre Werte neu definieren und erarbeiten muss, da immer neue Erkenntnisse der Wissenschaft und auch des aufgeklärten Denkens uns veranlassen, bisher als allgemein gültige Richtlinie anerkannte Maßstäbe in Zweifel zu ziehen.

Die Heftigkeit der Debatte um die Folgen aus den Ergebnissen der Genforschung zeigt nicht nur, dass bisheriges Denken in Frage gestellt wird, sondern auch, wie schwer es ist, einen neuen ethischen Maßstab zu erarbeiten. Jedes Individuum wird sich sagen, es würden Maßstäbe erarbeitet und in ein ethisches, wenn nicht gar staatliches Gesetz gegossen, das für alle Mitglieder der Gesellschaft verbindlich ist, ohne aber jeden Einzelnen tatsächlich an der Ausarbeitung zu beteiligen. Wie kann man unter diesen Umständen behaupten, man gehöre einer Gemeinschaft an, die einen Gesellschaftsvertrag abgeschlossen hat, dessen einzelne Werte jedes Mitglied für sich unterschreibt?

Tatsächlich hat jede Generation nur einen geringen Anteil

an der Entwicklung der Moral. Sie steht, aus alten Generationen kommend und sich stets wandelnd, in ihren wesentlichen Grundzügen schon fest, wenn wir geboren werden. Auch wenn sich die öffentliche Auseinandersetzung um eine Veränderung der ethischen Maßstäbe zuspitzt, wie etwa in den Jahren, in denen um eine modernere Ansicht über die Abtreibung gerungen wurde, oder in dem aktuellen Bestreben, eine neue Richtlinie zu finden, weil der Mensch in die Lage versetzt wird, etwas zu tun, was ihm bisher nicht möglich war, dann streiten sich zwar viele Politiker, Kleriker, Philosophen und Wissenschaftler, doch jeder Einzelne für sich leistet nur einen sehr geringen Beitrag zur Veränderung der ethischen Werte in der Gesellschaft.

Große moralische Wechsel vollziehen sich über einen längeren Zeitraum hinweg, und sie erfordern etwa in der Frage, welche Folgerungen aus den Entdeckungen der Genforschung zu ziehen sind, inzwischen ein so enormes Fachwissen, dass selbst äußerst gebildete Menschen davor zurückschrecken, sich an der öffentlichen Auseinandersetzung zu beteiligen.

In der Praxis wird das Denken eines jeden Menschen beeinflusst durch seine kulturelle Herkunft, seine religiöse Prägung, seine Erziehung und durch Tabus, die in seiner Umgebung auf ihn wirken, oft ohne dass er sich ihrer bewusst ist. In der Theorie fordert die Philosophie die Autonomie des Willens bei der Festlegung moralischer Grundsätze. »Die Idee der Freiheit, d. i. Unabhängigkeit von *bestimmenden* Ursachen der Sinnenwelt« ist nach Kant[6] die Voraussetzung für jede Moralität. Demnach wäre eine moralische Handlung nur dann wirklich rein moralisch, wenn sie in voller Freiheit und ohne irgendwelchen Druck ausgeführt würde. Der Mensch wird aber nicht nur von der Vernunft, sondern auch sehr stark von seinen Gefühlen geleitet. Und diese Gefühle sind es, die den Lebensästheten dazu verleiten, sich auf die »Idee der Freiheit« zu berufen, um seine Werte nach persönlichem Gutdünken festzulegen. Dem widerspricht jedoch die Regel, wonach die Grundvoraussetzung der Moral darin besteht, das Verhalten der Mitglieder einer Gemeinschaft objektiv festzulegen und der individuellen Willkür zu entziehen. Nur eine beständige Moral ist wirksam.

Beständig kann eine Moral aber nur dann werden, wenn die Mitglieder der Gemeinschaft durch ein Gerüst von Handlungshilfen gestützt werden, ihre eigenen Gefühle oder Schwächen einzugrenzen. Dieses Gerüst besteht aus mehreren Elementen, die als Begriffe heute sehr unpopulär sind. Wichtig ist, sie von diesem Ruch zu befreien und sie in ihrer ursprünglichen Bedeutung wieder zur Geltung zu bringen. Zwischen der Vernunft und dem Gefühl wird nicht nur der Schwache häufig hin und hergerissen, sondern selbst der strenge Ethiker entscheidet sich freiwillig nicht immer für die Vernunft.

Pflicht aus Gehorsam – Pflicht aus Einsicht

Da die menschliche Vernunft die Quelle der Moral ist, muss der Handelnde auch die Gründe für sein Tun kennen und akzeptieren. Und die durch Vernunft gewonnene Erkenntnis befähigt ihn zur Einsicht in gutes Handeln. Deshalb muss schon das Kind mit Hilfe der Erziehung Moralbewusstsein entwickeln. Denn erst dieses Bewusstsein vermittelt einer Handlung Autonomie. So wird Intelligenz ein Element der Moralität.[7] Und damit die Bürger in der gleichen Situation auch immer gleich handeln, vermittelt die Einsicht einer Regel eine gewisse Autorität.

Nun ist der Begriff »Autorität« in den 68er Jahren von den Studenten so negativ besetzt worden, dass er heute noch für viele einen Hautgout hat. Allerdings wurde damals nur die Autorität von Personen in Zweifel gezogen, die leere Amtsautoritäten verkörperten. Die Banderole mit der Aufschrift »Unter den Talaren der Muff von tausend Jahren« bringt genau zum Ausdruck, worum es ging. Statt sich mit den kritischen Studenten, die das Transparent mit dem ironischen Motto trugen, auseinander zu setzen, wurde ihnen von einem Professor gar mit dem KZ gedroht. Zugegeben, ein extremer Fall, aber er sagt aus, dass die Autorität Gehorsam und nicht Einsicht erwartete. Das zu akzeptieren waren die kritischen, sich aufklärenden jungen Menschen nicht mehr bereit. Und aus den von ihnen vorgetragenen und in der Öffentlichkeit verbreiteten »antiautoritären« Thesen zog auch die ältere Generation emanzipatorische Konsequenzen. Daraus ergaben sich ein Werteverlust und ein Wertewandel.

Die überzogene Ablehnung jeder Form von Autorität hat einige Jahrzehnte später dazu beigetragen, das Gerüst der Gesellschaft aufzuweichen, denn in der Kindererziehung – sei es zu Hause oder in der Schule – wurde zunehmend die persönliche Willkür zum Maßstab des Handelns jedes Einzelnen. Autorität kann aber eine moralische Macht darstellen, die wir als überlegen anerkennen; und wir handeln in ihrem Sinn, nicht etwa, weil es unserer persönlichen Laune entspricht, sondern weil in der Stärke, mit der sie unser Handeln beeinflusst, ein Zwang steckt.

Lebensästheten wenden sich von solchen Vorstellungen des Zwangs entsetzt ab, steckt in ihm doch der Kern eines besonders unbeliebten Wortes, die Verpflichtung, ja: die Pflicht. Denn jedes Mal, »wenn wir überlegen, wie wir handeln sollen, erhebt sich in uns eine Stimme und sagt: Das ist deine Pflicht. Und wenn diese Pflicht, die derart zu uns spricht, nicht befolgt wird, erhebt sich die gleiche Stimme und protestiert gegen unsere Handlung.«[8]

Pflicht ist out, darüber braucht man nicht lange zu grübeln, und dafür gibt es zahlreiche Gründe. In unserem politischen Kanon, dem Grundgesetz, kommt die Pflicht nicht mehr vor, sondern nur noch das Recht des Individuums. Und die Individualisierung der Gesellschaft hat die Pflicht noch mehr ins Abseits gedrängt, besonders in Deutschland, da sich im Rückblick auf die Geschichte die Pflicht von den Zeiten preußischer Herrschaft bis hin zum Dritten Reich nicht positiv besetzen lässt, zumal sie keine Wahlmöglichkeiten bietet, sondern nur eine einzige Handlung erlaubt: gehorchen.

Und genau das fordert auch die Pflicht als Element der Moral: Der Bürger soll einem ethischen Wert folgen, der auf der Grundlage der Menschenwürde bestimmt, welche Handlung gut ist. Weil dieser ethische Wert auf der Vernunft gründet und jedes Mitglied der Gesellschaft die Einsicht in die Vernünftigkeit der ethischen Festlegung haben kann, erhält der Wert Autorität. Diese Autorität vermittelt dem Bürger, der vor der Entscheidung steht, wie er handeln soll, was seine Pflicht ist, und der wird er – wenn er moralisch handeln will – gehorchen. Das klingt für einen Individualisten und einen Lebensästheten in der Theorie recht abscheulich, doch in vielen Fällen handelt er selbst so, gehorcht der Pflicht, die er aus einer auf ethischen Werten beruhenden Autorität herleitet. Ein praktisches Beispiel mag das bildlich erläutern.

Thomas hat in den sechziger Jahren studiert, und immer wenn es im Kreis seiner Kommilitonen einen Anlass zu feiern gab, kauften sie sich zehn Flaschen Amselfelder, einen billigen Rotwein. Abends haben sie kräftig gezecht, sich köstlich amüsiert, und am nächsten Morgen hatte Thomas einen Kater und zehn leere Weinflaschen auf der Bude. Die Flaschen trug er hinunter und warf sie in den Mülleimer. Fünfunddreißig Jahre später bekleidet er eine gute Position, hat immer noch den einen oder anderen Anlass zu feiern, kauft keinen Amselfelder mehr, sondern einen anständigen Bordeaux, zecht mit seinen Bekannten, sie amüsieren sich köstlich, und am nächsten Morgen hat Thomas keinen Kater mehr, aber zehn oder noch mehr leere Weinflaschen in der Küche. Diese Flaschen trägt er zum Mülleimer und will sie gerade darin verschwinden lassen, da erwischt ihn Friedrich, der zwanzigjährige Sohn seiner Nachbarn.

»Die Flaschen gehören nicht in den Mülleimer«, sagt Friedrich, »sondern in den Glascontainer.«

»Das ist doch zu mühsam«, antwortet Thomas. »Da muss ich die Flaschen erst ins Auto packen und hinfahren. Außerdem ist es auch nicht verboten.«

»Gesetzlich ist es nicht verboten«, beharrt Friedrich auf seiner Position, »aber gesellschaftlich ist es geboten. Schließlich haben wir alle eine Verantwortung für die Umwelt. Und wenn da nicht jeder das Seine dazu beiträgt, wird die Natur weiter verkommen.«

Es geht ein wenig hin und her, Thomas würde die Flaschen am liebsten doch in den Mülleimer kippen, möchte andererseits aber auch nicht gegenüber dem so viel jüngeren Friedrich als ein verantwortungsloser Bürger dastehen. Also fährt er die Flaschen zum Glascontainer. Und jedes Mal, wenn er fortan feiert, beschleicht ihn am nächsten Tag das schlechte Gewissen, Friedrich könnte ihn wieder an der Mülltonne erwischen, sodass er es sich angewöhnt, Glas zu dem dafür vorgesehenen Container zu bringen.

Was war geschehen? Thomas ist in einer Zeit aufgewachsen, in der Ökologie zwar ein wissenschaftlicher Begriff, aber kein weit verbreitetes Wort war. In den siebziger Jahren hörte er es irgendwann zum ersten Mal und fragte, was das bedeute – Ökologie. Der Kollege, der es benutzte, klärte ihn auf. Er sei gerade in den USA gewesen, dort diskutierten Bürgerinitiativen die Zerstörung der Natur, ganze Wälder seien durch sauren Regen zerstört worden (Was ist denn das – saurer Regen?, fragte Thomas), und in diesem Zusammenhang sei der Begriff Ökologie gefallen. Das sei jene Wissenschaft, die sich mit den Beziehungen zwischen Lebewesen und ihrer Umwelt, zwischen Pflanzen, Boden und Klima, zwischen Flora und Fauna, zwischen Natur und Mensch befasse.

Der Mensch, so erfuhr Thomas, habe bisher keine Rücksicht auf die Natur genommen. Doch die Industrieabfälle zerstörten die Natur – die Gewässer, den Boden, die Luft – in immer größerem Maße. Nun sei der Mensch verantwortlich für den gesunden Zustand der Erde, denn er sei darauf nur zu Gast, und die Ethik fordere, dass diese Erde den nachfolgenden Generationen in mindestens dem gleichen Zustand weitergegeben werde, in dem man sie selbst empfangen habe. Ja, nach den vielen Zerstörungen trage der heute lebende Mensch sogar die Verantwortung, für einen besseren Zustand des blauen Planeten zu sorgen.

In den achtziger Jahren erhielt die Tugend »Verantwortung« als ethischer Wert eine immer größere Bedeutung. Denn jedes menschliche Handeln hat Auswirkungen nicht nur auf die Gegenwart, sondern auch – etwa wegen der Folgen, die aus der Benutzung des Atoms für friedliche oder kriegerische Zwecke entstehen – auf Jahrtausende hin für die kommenden Generationen. Die Forderung nach verantwortlichem Handeln (in der Ökologie) wurde zum politischen Programm einer ganzen Partei, die das Establishment so beunruhigte, dass sich auch die etablierten Parteien dem

Thema der Ökologie widmeten. So wie die Genforschung zu Beginn des 21. Jahrhunderts der Ethik neue Maßstäbe abringt, so hat die Ökologie die Gesellschaften in den letzten zwanzig Jahren des vergangenen Jahrhunderts um die Maßstäbe ethischen Handelns kämpfen lassen.

Thomas versteht deshalb politische Entscheidungen, die mit Ökologie verbunden sind, doch auf sein eigenes Leben hat dies zunächst wenig Einfluss, weshalb er meint, es sei nicht so tragisch, die Flaschen in den Mülleimer zu werfen – bis zu dem Augenblick, in dem ihn Friedrich erwischt.

Friedrich ist dreißig Jahre später geboren worden. Als er beginnt, die Regeln der Gesellschaft kennen zu lernen, ist Ökologie ein allen bekannter Begriff, gibt es eine Partei, die sich hauptsächlich dem Schutz der Umwelt widmet. Müll wird getrennt, und für Papier und Glas gibt es besondere Container. Für ihn ist es gar keine Frage, möglichst viele Abfälle in den Recycling-Prozess fließen zu lassen, sondern – in seiner Vorstellung – die einzig erlaubte Handlung. So funktioniert die Wirkung von ethischen Werten.

Dabei ist Friedrich gar nicht klar, dass er Thomas durch seine Aufforderung, Flaschen in den Container zu werfen, auf eine (gesellschaftliche und moralische) Pflicht hingewiesen hat. Thomas muss dieser Pflicht gehorchen, da es die Autorität der Tugend Verantwortung von ihm fordert. Friedrich dagegen hat die Einsicht, dass es in dieser Situation nur eine einzige richtige (»gute«) Art zu handeln gibt. Deshalb fällt es ihm nicht schwer, der Pflicht zu gehorchen, ja, er erkennt noch nicht einmal, dass er einem Zwang folgt. Die Vernunft lässt ihn freiwillig handeln, weil er es für richtig hält. Friedrich zeigt »guten Willen«, wie ihn die Philosophen in der ethischen Diskussion beschreiben: »Der an sich gute Wille ist – unter Menschen – das praktische Vermögen der Vernunft, eine allgemeine Verpflichtung des Handelnden vorzuschreiben und ihr gemäß das Handeln zu bestimmen.«[9]

Thomas dagegen ist anders aufgewachsen und erzogen worden. Er verspürt den Zwang, traut sich allerdings nicht, ihm auszuweichen, da er sich sonst vor Friedrich schämen würde. Auch Thomas mag die Einsicht haben, es sei besser, die Flaschen zum Container zu bringen, doch ist die Tugend »ökologische Verantwortung« bei ihm längst nicht so weit ausgeprägt wie bei Friedrich. So neigt Thomas zur Abweichung von dem allgemein Gebotenen, weshalb er verpflichtet werden muss. Pflicht ist in diesem Fall eine praktische Nötigung, die »Notwendigkeit einer Handlung aus Achtung fürs Gesetz« (Kant)[10].

Und so wie in diesem Beispiel wird das Handeln des Bürgers in der Gesellschaft immer wieder geleitet, einmal mehr durch die Einsicht des Handelnden in die Pflicht, ein anderes Mal mehr durch Pflicht in Form gesellschaftlichen Drucks. In beiden Fällen können wir jedoch davon sprechen, dass beider Verhalten einer Disziplin entspricht, die für eine gewisse Regelmäßigkeit im Verhalten von Individuen sorgt. Disziplin ist ein wesentliches Element der Moral. Sie gibt dem Willen Gewohnheiten, regelt und dämmt ein. Disziplin hilft dem Individuum, seine Schwächen zu zügeln, sie liegt aber auch im Interesse der Gesellschaft, da sie für Regelmäßigkeit sorgt. Voraussetzung in allen Fällen ist jedoch das Wissen um den Inhalt der Werte.

Kapitel 6

»So lasst uns denn einander unsere Torheiten verzeihen«

Ohne Toleranz keine Demokratie

Die Suche nach Wahrheit

Freiheit, *Gleichheit*, *Brüderlichkeit* lauten seit der Französischen Revolution die drei Begriffe, aus denen sich die Grundwerte moderner, demokratischer Gesellschaften herleiten. *Freiheit* umfasst Unterbegriffe wie Toleranz, Sicherheit und Verantwortung. *Gleichheit* hat sich in Gerechtigkeit verwandelt, während *Brüderlichkeit* heute als Solidarität bezeichnet wird. Diese Begriffe haben aber in den vergangenen Jahren unter anderem auch deshalb an Bedeutung verloren, weil sie häufig oberflächlich, mit vordergründigem politischem Interesse wie ein tibetanisches Mantra wiederholt, aber immer weniger in ethischem Sinn verwendet worden sind.

Kant schreibt, die Idee der Freiheit sei die Voraussetzung für jede Moralität, und er meint damit vor allem die Freiheit des Denkens. Friedrich Schiller lässt in »Don Carlos« den Marquis de Posa vom König fordern: »Geben Sie Gedankenfreiheit«, denn Gedankenfreiheit geht weit über die Freiheit der Meinung hinaus. Bevor eine Meinung entstehen kann, muss man sich die Gedanken machen können, die zu der betreffenden Ansicht führen. Das ist allerdings selbst in einer aufgeklärten Demokratie schwieriger, als es zunächst scheint. Im Rahmen des Staates verfügen die Bürger der Bundesrepublik über mehr liberalistische Freiheiten denn je zuvor. Im täglichen Leben fühlen sie sich kaum eingeschränkt, es sei denn durch jene staatlichen Handlungen, die man meist mit Bürokratie bezeichnet. Der schöne Schein der Demokratie, der Mangel an Möglichkeiten, an staatlichen Entscheidungen mitzuwirken, auch die subtil freiheitsbedrohenden Methoden des modernen Überwachungsstaates in der Informationsgesellschaft werden immer wieder öffentlich beschrieben und diskutiert. Zu einer Bedrohung der Gesellschaft haben sich diese Mängel in der deutschen Republik noch nicht entwickelt.

Die Werte können nur dann einen Wert, also eine gesellschaftliche Wirkung erhalten, wenn der Kern ihres Inhalts erkannt und ihm Bedeutung zugemessen wird. So sind Erkennen und Wissen Voraussetzung für Denken. Der Weg zum Erkennen führt über die Wahrheit: Wahr ist eine Aussage, wenn sie mit ihrem Gegenstand übereinstimmt.

Um die Wahrheit zu erkennen, muss man klug sein; denn sie wird allenthalben verhüllt oder in einem Überfluss von Informationen versteckt. Das Übermaß an Meldungen, die von einer Fülle von Medien transportiert werden, macht das Denken heute all jenen schwer, die nicht gelernt haben, das Echte vom Falschen, das Wichtige vom Bedeutungslosen zu unterscheiden. Boulevardzeitungen lügen über Königsfamilien und Stars, dass sich die Balken biegen. Politiker machen – besonders zu Wahlzeiten – Versprechungen, die sie, einmal an der Macht, nicht einhalten können oder wollen. All das kommt uns nicht neu vor. Doch uns geht es hier um das Verhalten des Individuums und seine Beziehung zur Gesellschaft. Erst in zweiter Linie spielt die Auseinandersetzung des Bürgers mit dem Staat eine Rolle, wobei der Bürger zu häufig vergisst, dass der Staat keine von den Bürgerinteressen losgelöste und eigenständige Existenzberechtigung hat. Der Staat besteht nur als eine Summe von Institutionen, die sich die Bürger selbst geschaffen haben, um die Gemeinschaftsaufgaben zu lösen.

Eine der in ihrer Tragweite immer wieder unterschätzten Gefahren für die deutsche Gesellschaft liegt in der Art und Weise, wie grob die Menschen miteinander umgehen, wie wenig sie sich respektieren und tolerieren. So fehlt es der Gesellschaft an innerem Frieden, und ohne Frieden ist die Freiheit gefährdet; denn es mangelt an Toleranz.

Die doppelzüngige Gesellschaft

Der Mangel an Toleranz wird immer wieder dann von Politikern, Kirchenleuten und entsetzten Menschen beschworen, wenn Neonazis Ausländer oder Behinderte in Deutschland gejagt, misshandelt oder gar umgebracht, wenn sie eine Synagoge oder einen jüdischen Friedhof geschändet haben. Gewiss hat der Aufruf von Bundeskanzler Gerhard Schröder zum »Aufstand der Anständigen« nach dem Anschlag auf die Synagoge in Düsseldorf im Oktober 2000 viele Menschen aus ihrer Lethargie aufgeschreckt, doch selbst so verdienstreiche Organisationen wie »Gesicht zeigen!« oder »Step 21«, eine Jugendinitiative für Toleranz und Verantwortung, werden nur wenig erreichen, wenn der Wert Toleranz nicht von der großen Mehrheit der Gesellschaft wieder anerkannt, bejaht und befolgt wird. Aber wir sind doch ein tolerantes Volk!, wird ein jeder verwundert sagen. Oberflächlich ja, doch wenn man unter die Haut schaut, gruselt es einem. Zwischen öffentlicher Erklärung und wirklichem Denken liegt ein weiter Unterschied.

Wer bereit ist, sich Gedanken über den Zustand der Gesellschaft zu machen, wer den Werten wieder Bedeutung zukommen lassen will, wer sogar meint, es sei Zeit zu handeln, um das Zusammenleben in der Gemeinschaft wieder menschlicher zu regeln, der muss auch lernen, im alltäglichen Leben genauer hinzuschauen und darauf zu achten, wie manchmal ganz geläufig scheinende Vorgänge doch eine Reaktion verdienten. Die Routine ist stets der Feind des Genauen, und das routinehafte Dulden scheinbar belangloser, täglich wiederkehrender Abläufe kann dazu führen, dass manch ein Wert, etwa die Toleranz, zu wenig Achtung erfährt.

Paul Spiegel, der Präsident des Zentralrats der Juden, sieht inzwischen davon ab, bei gesellschaftlichen Anlässen zu sprechen, da er die Intoleranz und die allgemeine Bereitschaft, sie gewähren zu lassen, nicht mehr erträgt. Spiegel war als Gastreferent zu einem Abendessen der Deutschen Bank in Düsseldorf eingeladen worden. In Lauf dieses Abends konfrontierte ihn der als Gast anwesende Rechtsanwalt Udo von Busekist mit seinen eigenen Erlebnissen in Auschwitz. Als Flakhelfer, verkündete Busekist, habe er dort kaum eine Gewalttat gegenüber Juden bemerkt. Was Paul Spiegel besonders entsetzte, war die Tatsache, dass keiner der Gastgeber, keiner der wohl situierten Gäste ihm beisprang.[1] Niemand regte sich, als bei der Aids-Gala im Jahr 2000 in Berlin die Gattin eines bekannten Versandhausunternehmers mit den Überlegungen ihres Tischherrn drangsaliert wurde, er lese gerade Hitlers »Mein Kampf« und stelle sich die Frage, wo wir heute stünden, wenn Hitler noch in Amt und Würden wäre. Das sind keine Einzelbeispiele. Als bei einem Abendessen in Hamburg das Gespräch auf die Entschädigung der Zwangsarbeiter aus dem Dritten Reich kam, pöbelte der Vorstandsvorsitzende eines der größten deutschen Unternehmen – sicherlich, nach einigen Gläsern Wein –, die Juden hätten schon genug Geld erhalten, die sollten nun mal zahlen (er berücksichtigte nicht, dass es sich bei den ehemaligen Zwangsarbeitern nur zu einem geringen Teil um Menschen jüdischen Glaubens handelt). Auch hier schwieg die Gesellschaft peinlich berührt – und löste sich auf.

Gerade die Zwangsarbeiterproblematik hat dazu geführt, dass sich viele Unternehmer im Vier-Augen-Gespräch selbst entlarvt haben. Verbandsvorsitzende, wie der damalige BDI-

Chef Olaf Henkel, berichteten, dass sich von ihnen angesprochene Unternehmer häufig offen antisemitisch geäußert hätten. Und je kleiner die Betriebe gewesen seien, desto stärker hätten sich die Belegschaften mit den intoleranten Äußerungen der Chefs identifiziert.

Was öffentlich niemand zugeben würde, was kaum einer zu veröffentlichen wagt, führt zu einer doppelzüngigen Gesellschaft: Nach außen hin gibt man sich tolerant und aufgeklärt, nach innen verschweigt man seine Intoleranz nicht und weiß sich in der »Vier-Augen-Gesellschaft« geschützt. Von solch ungeniertem Verhalten berichtet eine empörte Frau aus München: »In einem In-Restaurant, gleich hinter der Maximilianstraße, herrscht offensichtlich Rechtsfreiheit für eine kleine, feine Gruppe von Stammgästen. Nachdem eine Frau die längere Zeit laut vorgetragene, übelste Judenhetze (... diese Scheiß-Juden sollen bloß aufpassen ... von toten Juden kann ich gar nicht genug hören ...) am Nachbartisch nicht mehr erträgt und den Mann angreift, wird sie von seinen Tischgenossen gepackt, am ganzen Körper festgehalten, durchs Lokal gezerrt. Man reißt ihr die Kreditkarte gewaltsam aus der Hand, um im Schein der Kassenlampe (ganz ungestört) ihren Namen zu lesen, und droht ihr dann: Sie werden von uns hören. Kein Geschäftsführer, kein Kellner greift ein, eine einzige Frau im vollbesetzten Lokal fordert die feinen Herren auf, sich endlich einzukriegen, umsonst. Niemand kommt der Frau zu Hilfe, obwohl man mitkriegt, worum es geht.«

Wer so intolerant ist, der hat kein Anrecht auf den Schutz der Vier-Augen-Gesellschaft. Denn Toleranz ist kein Selbstzweck und darf gegenüber Intoleranten missachtet werden, auch dann, wenn andere sittliche Ziele sonst nicht erreicht werden können. Die Auswüchse von Intoleranz in Deutschland gegenüber Menschen anderen Glaubens, anderer Herkunft, anderer Hautfarbe kommen in allen Gesellschaftsbereichen vor, sodass man sich die Frage stellen kann, ob die Deutschen besonders intolerant sind. Trotz der Exzesse des Dritten Reichs, trotz der Vernichtung von sechs Millionen Menschen jüdischen Glaubens, Roma und Sinti und Andersdenkender hat die Vergangenheit nicht zu einer größeren Toleranz in der deutschen Gegenwart geführt.

Der Antisemitismus hat sich nur ein anderes Outfit gewählt, weshalb er weniger auffällig ist. Die wissenschaftliche Literatur bezeichnet »diese moderne Form von Judenfeindschaft als ›sekundären Antisemitismus‹: er hat sich in seinen Ausdrucksformen gewandelt und dem Zeitgeist angepasst«[2]. Fast jeder zweite Deutsche entdeckt »etwas Wahres« an der Aussage, viele Juden versuchten, aus der Vergangenheit des Dritten Reichs heute ihren Vorteil zu ziehen und die Deutschen dafür zahlen zu lassen. Auf der anderen Seite wird die Schuld der Deutschen an der Judenverfolgung relativiert und – siehe Martin Walsers Rede – gefordert, es solle endlich ein Schlussstrich unter die Beschäftigung mit der Vergangenheit gezogen werden.[3]

Nur wenn die Einsicht zunimmt, dass es hier aus ethischen Gründen Zeit ist zu handeln, kann die Intoleranz bekämpft werden. Im Privaten mag fast jeder meinen, es sei doch äußerst unangenehm, wenn er nun dem großen Unternehmenschef, der so ausfällig antisemitisch redet, ernsthaft widerspricht, doch die empörte Frau im Münchener In-Lokal hat richtig gehandelt. Sie hätte so weit gehen sollen wie die »Tagesschau«-Sprecherin und Talkshow-Gastgeberin Eva Herman, als sie Besuch von einer Freundin erhielt, die völlig aufgelöst bei ihr ankam und berichtete, ein Taxifahrer habe sie mit rechtsextremen Sprüchen beleidigt. Eva Herman erstattete Anzeige. Das ist mühsam, lästig, unangenehm – aber notwendig. Denn nicht nur die Vier-Augen-Gesellschaft versagt, sondern auch die öffentlichen Mechanismen, die dafür sorgen sollten, dass jeder weiß, was gut und böse ist.

Nicht eine Minute lang dachte der neunzehnjährige Jens daran, »dass es strafbar sein könnte«, Molotowcocktails in das Schlafzimmer einer libanesischen Flüchtlingsfamilie zu werfen. Mit dieser Begründung drückte er sein Erstaunen darüber aus, dass er verhaftet worden war, weil er im Oktober 1991 zusammen mit zwei Skinheads mitten in der Nacht einen Brandanschlag auf ein Wohnhaus in Hünxe verübt hatte, bei dem zwei Mädchen schwere Verbrennungen erlitten.

Initiativen

Auf der einen Seite gründen Uwe-Karsten Heye, Sprecher der Bundesregierung, und Paul Spiegel und Michel Friedman vom Zentralrat der Juden die Organisation »Gesicht zeigen!«, die hilft, gegen Intoleranz und Rechtsextremismus vorzugehen. Das Bundesinnenministerium ruft einen Verein zur Förderung der Toleranz ins Leben; doch das, was weit oben – und entfernt vom täglichen Umgang mit dem Bürger – vorbildhaft unternommen wird, findet viel zu selten ein Pendant dort, wo es notwendig ist, wo junge Leute lernen müssen, tolerant zu sein, weil die Gesellschaft Intoleranz nicht duldet. Wenn der Brandstifter Jens sich wundert, dass er zur Rechenschaft gezogen wird, weil er einen Brandsatz in die Wohnung eines Fremden geworfen hat, dann mag dies keine billige Ausrede sein. Er wird in seiner Umgebung erfahren haben, dass man dort so denkt und redet, wie er gehandelt hat. Leider fehlt gerade in der Lokalpolitik immer wieder der Mut zum Handeln. Die Politiker dulden die Rechtsextremen, und die Bürger dulden diese Politiker. Dabei sollten aufgeklärte Bürger gegen Politiker einschreiten, die Rechtsextreme tolerieren. Denn dieses Zurückschrecken vor eigenem Handeln, das nichts anderes ist als ein Mangel an Verantwortung, führt dazu, dass in bestimmten Regionen und Stadtteilen die Rechtsextremen die dumpfe Parole von »national befreiten Zonen« verbreiten können.

In Brandenburg warb die Initiative »Aktion Noteingang« bei Geschäften und öffentlichen Einrichtungen dafür, Menschen Schutz zu gewähren, die von rechtsextremer Gewalt bedroht werden. Geschäfte und Behörden sollten ihre Bereitschaft zur Hilfe mit einem Schild am Schaufenster oder an der Tür kundtun. Auf diesem Aufkleber stand der Satz »Wir bieten Schutz und Information bei rassistischen und faschistischen Übergriffen«, und er sollte den mutigen Einspruch gegen fremdenfeindliche Gewalt öffentlich machen. Zusammen mit diesem Aufkleber verteilte die »Aktion Noteingang« einen Fragebogen und Merkblätter mit Hinweisen, wie man sich im Notfall verhalten solle, und gab Telefonnummern an, die Betroffene wählen konnten, um Hilfe herbeizurufen. Eine Gruppe Bernauer Jugendlicher hatte – nach einem Übergriff von Rechtsextremisten in ihrer Stadt – diese Aktion 1998 gegründet, und sie fand bald in anderen Städten Brandenburgs Nachahmer, denn auch in Städten ohne rechtsextreme Strukturen wie in der 25000-Einwohner-Stadt Bernau war eine rechte Grundströmung zu erkennen. Die Landesregierung beschloss deshalb, die Aktion im Rahmen ihres Programms »Tolerantes Brandenburg« zu fördern. Dieses Konzept der Regierung in Potsdam versteht sich als eine gesamtgesellschaftliche Offensive, um mit einer Vielzahl von Aktionen demokratische Leitbilder in alle Teile der Gesellschaft zu tragen.

Ein Ziel der »Aktion Noteingang« war es, das Stadtbild zu prägen, indem Gewalttätern Widerspruch signalisiert wurde.

Ein anderes bestand darin, die Auseinandersetzung mit Rassismus in die lokale Öffentlichkeit zu verlagern. Durch die Fragebogen, die zusammen mit den Aufklebern an fünfhundert Geschäfte und öffentliche Einrichtungen in Brandenburg verteilt wurden, gewannen die Mitarbeiter den Eindruck, dass im Land ein weit verbreitetes Desinteresse und ein Mangel an Verantwortung für gesellschaftliche Entwicklungen herrschten. Nur die Hälfte der Angesprochenen füllte den Fragebogen aus. Weniger als ein Viertel der Befragten brachte schließlich den Aufkleber an. »Spätestens wenn man zehn Läden durchhatte«, berichtet Susanne Lang von der »Aktion Noteingang«, »wusste man, wo sich die Mitte der Gesellschaft befindet. Wir hatten nicht die Intention, den Rechtsextremismus zu bekämpfen. Ich denke, dass man momentan die Möglichkeit in Brandenburg nicht so richtig hat. Man ist noch zwei Schritte davor: Man muss den Leuten erst klar machen, wo das Problem überhaupt liegt.«[4]

Der Erfolg der Aktion hing davon ab, wie die Meinungsführer in den Orten, etwa Bürgermeister und Gemeinderäte, sich zu dem Projekt stellten. Der Bürgermeister von Bernau, wo eine rechtsradikale Gewalttat den Anlass zur Gründung gegeben hatte, untersagte es den ihm unterstehenden Einrichtungen, den Aufkleber mit dem Hilfsangebot gegen Rassisten anzubringen. Wer so handelt, den dürfen aufgeklärte Bürger nicht zum Bürgermeister wählen. Der Vorsitzende eines Innenstadtvereins warnte davor, »die Fehler von 1933 zu wiederholen«. Denn seiner Meinung nach würde man heute die Rechten so ausgrenzen, wie man damals die Juden ausgegrenzt habe. Wer so handelt, den dürfen aufgeklärte Mitglieder nicht zum Vorsitzenden ihres Vereins wählen, falls es Zeit zu handeln sein sollte, um der Toleranz wieder den Wert zu geben, der ihr als Tugend zusteht.

Toleranz fordert Selbstüberwindung

Zu einem ethischen Wert wurde die Toleranz erst spät erhoben. Und wenn sie heute anlässlich eines rassistischen Anschlags beschworen wird, gewinnt man den Eindruck, die Tugend der Toleranz sei eine Floskel und bedeute nur, Menschen anderer Geburt und Kultur oder anderen Glaubens neben sich zu dulden. Das aber ist ein großer Irrtum. Denn hinter dem Begriff Toleranz versteckt sich eine wesentliche intellektuelle und gesellschaftliche Frage: Wie gehe ich mit meinen eigenen Vorstellungen und Überzeugungen, mit dem, was ich denke, für richtig halte, kurz, wie gehe ich mit der Wahrheit um?

Bei den alten Griechen und Römern lebten viele Götter nebeneinander, aber keiner beanspruchte für sich die alleinige Wahrheit. Auf diese Weise war fast jeder in seinem Glauben weitgehend frei. Nur die an einen Gott glaubenden und eine absolute Wahrheit beanspruchenden Juden und Christen wurden verfolgt, wohl auch, weil sie eine vermeintliche Gefahr für die bestehende kulturelle und politische Ordnung darstellten. Erst mit der Ausdehnung der monotheistischen Religionen (Judentum, Christentum und Islam) wurde die Frage nach der letzten Wahrheit zum Problem. Nachdem der von der Kirche Roms vertretene Glaube in Europa Staatsreligion geworden war, führte die Intoleranz über die Jahrhunderte hinweg zu Kreuzzügen und Massenmorden, schrecklichster Folter und Hinrichtungen Andersgläubiger auf dem Scheiterhaufen. Die Christen warfen den Juden vor, sie hätten Jesus, Gottes Sohn, ans Kreuz genagelt und getötet. Erst als die christliche Kirche sich in der Reformationszeit selber in unterschiedliche Glaubensrichtungen (katholisch, protestantisch, griechisch-orthodox) aufzuspalten begann, wurde der Ruf nach Toleranz der verschiedenen Glaubensüberzeugungen laut.

Schließlich forderten die Denker der Aufklärung, der Staat müsse tolerant sein, das heißt, die unterschiedlichen religiösen, sozialen, politischen und wissenschaftlich-philosophischen Überzeugungen gelten lassen. In den modernen demokratischen Verfassungen findet dieses Toleranzgebot seinen Niederschlag in der Garantie der Glaubens-, Gewissens- und Bekenntnisfreiheit, der Kultur- und Religionsfreiheit sowie der Grund- und Menschenrechte.

Als Musterbeispiel dafür, wie die Toleranz als sittliche Verhaltensregel wirkt, wird auch heute noch in den Schulen die Ringparabel aus Lessings »Nathan der Weise« angeführt. Ein Mann im Morgenland besaß einen kostbaren Ring, der eine geheimnisvolle Kraft ausstrahlte und dem Träger Glück brachte. Er hatte ihn von seinem Vater geerbt und sollte ihn an denjenigen seiner Söhne weitergeben, der ihm der liebste war. Nun hatte er drei Söhne, die er alle gleichermaßen liebte, sodass er insgeheim jedem der drei den Ring im Fall seines Todes versprach. Deshalb ließ er zwei Kopien herstellen, die so gelungen waren, dass niemand sie vom Original unterscheiden konnte. Nach dem Tod des Vaters wollte nun jeder der Söhne Chef des Hauses sein, doch konnte keiner nachweisen, dass er den echten Ring besaß. Nathan der Weise erzählt diese Parabel dem Sultan Saladin, um ihm vor Augen zu führen, dass es kein Kriterium dafür gebe zu bestimmen, welche der drei Religionen – Judentum, Christentum und Islam – die einzig gültige sei. Jede sei für sich richtig. Also solle jeder die Religion des anderen tolerieren.

Doch den religiös, politisch, sittlich Andersdenkenden zu dulden und gewähren zu lassen bedeutete nur Gleichgültigkeit, selbst dann, wenn dieses Dulden mit Freundlichkeit verbunden wäre. Toleranz im ursprünglichen Sinn des Wortes erfordert mehr. Denn das Ziel der Toleranz ist der friedliche

Umgang mit der Wahrheit. Und das setzt voraus, dass man erstens selbst über eine Überzeugung, eine Erkenntnis verfügt und dass zweitens die Wahrheit des anderen nicht nur geduldet, sondern zudem als gleichberechtigt anerkannt wird, solange sie nicht gegen die demokratischen Grundwerte verstößt.

Toleranz ist schon allein deshalb eine schwierige Tugend, weil sie Vernunft voraussetzt, Wissen und Erkenntnisvermögen. Da es aber keine absolute Wahrheit gibt, hat auch niemand absolut Recht. Jeder kann nur mehr oder weniger gut seine eigene Ansicht vertreten. Das führt dazu, dass sich viele verschiedene Überzeugungen gegenüberstehen. Die Tugend der Toleranz gibt nur das rechte Maß vor, wie Personen, die unterschiedliche Religionen, Überzeugungen, eben Wahrheiten vertreten, miteinander umgehen sollen.

Toleranz verlangt, dass jeder bereit ist einzugestehen, seine Ansicht, seine Wahrheit sei nur relativ. Tatsächlich hat sich fast jede Erkenntnis – auch die der größten Wissenschaftler – als fehlbar erwiesen, und sei es erst nach Hunderten von Jahren. Wer den anderen anerkennt, der muss in Anspruch nehmen, dass in seiner eigenen Überzeugung genauso viele Fehler enthalten sein können, wie er sie in der anderer vermutet. Das fällt allen Menschen – auch den angeblich weisen – schwer, denn wer gibt schon gern einen Fehler zu?

Die moderne Definition von Toleranz fordert dennoch, dass wir unsere Einstellung zu den eigenen Fehlern verändern. Bevor wir den anderen beurteilen, müssen wir lernen, uns selbst in Frage zu stellen, und überprüfen, ob unsere Ansicht jeweils immer noch standhält. Auf die Frage, was Toleranz sei, antwortet Voltaire: »Toleranz ist die notwendige Folge der Einsicht, dass wir fehlbare Menschen sind: Irren ist menschlich, und wir alle machen dauernd Fehler. So *lasst uns denn einander unsere Torheiten verzeihen.* Das ist das Grundgesetz des Naturrechts.«[5]

Aus dieser Einstellung Voltaires leitet Karl Popper drei ethische Prinzipien her:

»(1) Das Prinzip der Fehlbarkeit: Vielleicht habe ich Unrecht, und vielleicht hast du Recht, aber wir können auch beide Unrecht haben.

(2) Das Prinzip der vernünftigen Diskussion: Wir wollen versuchen, möglichst unpersönlich unsere Gründe für und wider eine bestimmte, kritisierbare Theorie abzuwägen.

(3) Das Prinzip der Annäherung an die Wahrheit: Durch eine sachliche Diskussion kommen wir fast immer der Wahrheit näher; und wir kommen zu einem besseren Verständnis; auch dann, wenn wir nicht zu einer Einigung kommen.«[6]

Damit wird die Toleranz eine Tugend, die Selbstüberwindung verlangt und aggressive Triebe zurückdrängt. Wenn aber Toleranz den richtigen Umgang mit Wahrheit zum Ziel hat, dann reicht es noch nicht aus, dass man die persönliche Erkenntnis in Frage stellt und bereit ist, eigene Fehlerhaftigkeit einzugestehen, vielleicht gar nach Fehlern in der privaten Einstellung zu suchen. Wahre Toleranz geht weiter: Sie bleibt nicht passiv und duldet, sondern wird aktiv und handelt. Das bedeutet, dass man mit Vertretern anderer Wahrheiten einen Gedankenaustausch über deren Ansichten aufnimmt. Denn erst durch das Gespräch über Wahrheiten und Fehler fördert Toleranz das Verstehen und führt dazu, dass Meinungsverschiedenheiten friedlich ausarten. Und das muss ein Teil des Erziehungsprogramms von Kindern und Jugendlichen sein.

Die Toleranz ist jedoch keine unbeschränkte moralische Pflicht. Das wäre sie nur, wenn alle die gleichen Voraussetzungen hätten, um nach der Wahrheit zu suchen, und wenn sie dann auch mit der gleichen Intensität der sich aus ihr ergebenden, sittlich gebotenen Handlungsweise folgten. Viel zu häufig jedoch wird toleriert, was nicht geduldet werden darf, und das liegt in vielen Fällen daran, dass es an Information und politischer Macht fehlt, um wirksam zu protestieren. Toleriert wird etwa die Aufrüstung von Ländern der Dritten Welt mit einem gewaltigen Waffenarsenal, das diese Staaten in den finanziellen Ruin treibt und ihnen die wirtschaftlichen Mittel für notwendige Sozialvorhaben, zum Beispiel ein vernünftiges Bildungssystem, nimmt, gleichzeitig aber die lokalen Diktatoren – so war es mit Mobutu, so war es mit dessen Nachfolger Kabinda – zu Multimillionären, wenn nicht gar Milliardären mit Konten in der Schweiz macht. Die Kleptokraten sind die Raubritter des Nachkolonialismus. Dies dürfte nicht geduldet werden und wird dennoch toleriert, obwohl durch die Habgier der Waffen verkaufenden Industriestaaten Hunderttausende von Menschenleben aufs Spiel gesetzt werden.

So darf auch bei aller Toleranz keine Rücksicht auf Fanatiker ausgeübt werden. Fanatiker nehmen für sich das Recht in Anspruch, ihre Überzeugung mit brutaler Gewalt durchzusetzen. Wer aber gegen den Geist der Menschenrechte und der Verfassung verstößt, den braucht niemand zu respektieren. Denn wer Gewalt anwendet, verwirkt sein Recht auf Toleranz, und wer durch Gewalt eine Straftat begeht, den muss der Staat verfolgen und vor Gericht stellen. Und genau darin liegt eines der zu wenig beachteten Probleme unserer Gesellschaft: Gerade die maßgeblichen Vorbilder in den Gemeinden versagen häufig, wie es die Reaktion des Bürgermeisters von Bernau auf die Anfrage von »Aktion Noteingang« zeigte. Es versagen aber auch Polizei und Justiz in einem Maße, das es plötzlich verständlich macht, weshalb ein neunzehnjähriger Brandstifter wie Jens im Fall Hünxe sich verwundert zeigt, dass der Staat ihn zur Verantwortung zieht.

Toleranz braucht Schutz

Toleranz, Sicherheit und Verantwortung füllen den Wert Freiheit aus. Und um die Freiheit zu garantieren, muss der Toleranz Schutz gewährt werden. Dies, so will es der Gesellschaftsvertrag, fällt unter anderem auch in die Verantwortung staatlicher Institutionen, die der Bürger eingerichtet hat, um die Sicherheit zu garantieren: Polizei und Justiz. In beiden Bereichen erleben wir dramatisches Versagen.

»Im Rahmen meiner Tätigkeit als Bildungsreferentin für politische Bildung erlebte ich mit einer deutsch-brasilianischen Gruppe in Ostberlin eine ›nette‹ Zusammenkunft mit der Polizei.« So schreibt Anja Kremper in einem Leserbrief an *Die Zeit*. »Vor einem AsylbewerberInnenwohnheim, welches wir zuvor besucht hatten, kam uns eine Polizeistreife entgegen. Das Auto hielt an und hupte ohne Veranlassung. Der Beifahrer kurbelte das Fenster runter und imitierte mit Gesten und Lauten einen Affen. Hier stellt sich die Frage, wie mit solchen Beamten ein Schutz des Wohnheims gewährleistet werden kann. Auf meine Beschwerde an das Polizeipräsidium erhielt ich leider bis heute keine Antwort.«[7] In der gleichen Ausgabe dieser Wochenzeitung beklagt Sabine Humuza, ihr »neunzehnjähriger Sohn und seine Freunde zum Beispiel, allesamt deutsch, aber mit nichtdeutscher Abstammung«, erlebten es immer wieder, dass nächtliche Polizeikontrollen und Durchsuchungen bei ihnen an der Tagesordnung seien, »während die durch Kleidung und Haarschnitt als Neonazis identifizierbaren Jugendlichen unbehelligt in der Nähe stehen«. Ein anderes Ereignis aus Berlin:

Eine ältere Frau fährt mit ihrem deutschen Enkel, der nicht gerade typisch deutsch aussieht, in der S-Bahn und wird von Rechtsradikalen angepöbelt. Keiner der Mitreisenden kommt ihr zu Hilfe, außer einer jungen Frau, die ihr Fahrrad dabei hat, weil sie wegen eines Platten nicht weiterfahren konnte. Daraufhin wird auch die junge Frau beleidigt und geschlagen. An der nächsten Station taucht Sicherheitspersonal auf. Doch die Uniformierten kümmern sich nicht etwa um die Rechtsradikalen, sondern werfen der mutigen jungen Frau vor, es sei verboten, das Rad in der S-Bahn zu transportieren. Die Täter gehen grölend ab. Wie sollen sie in dieser nachlässigen Gesellschaft ein Gefühl für Unrecht entwickeln?

Die »Kritischen Polizisten« versuchen, die Aufmerksamkeit auf undemokratische, rassistische oder rechtsradikale Tendenzen in der Polizei zu lenken, doch sie, die demokratisch handeln, werden innerhalb der Polizei als Ruhestörer diffamiert, als »linksradikale Spinner«, als Querulanten, die nur meckern, weil sie keine Karriere machen. So gelangte Mitte der neunziger Jahre an die Öffentlichkeit, dass ein Professor an der Fachhochschule Polizei in Hamburg in seinen Vorlesungen Polenwitze zum Besten gab, zum Beispiel: »Der Papst soll das Bundesverdienstkreuz erhalten, weil er der einzige Pole ist, der bei einem Deutschlandbesuch noch nicht geklaut hat.« In der Studiengruppe erhob niemand Protest, sicherlich auch aus Angst vor Nachteilen in der Laufbahn. All diese Szenen sind zwar für sich betrachtet belanglos, aber in der Summe fügt sich aus ihnen das Bild zusammen, das rechtsradikal gesinnte junge Menschen von der Reaktion der Gesellschaft – und dazu zählen sie auch die Polizei – erhalten.

Im April 2001 brachte ein anonymer Brief eines Beamten im mittleren Polizeivollzugsdienst an die *Abendzeitung* in München eine Lawine ins Rollen. Er sprach von Nazi-Orden, Rassismus und Volksverhetzung, von rechtsradikalen Auswüchsen in der Polizeikaserne – Hitlergruß eingeschlossen. Nach der Veröffentlichung wurde sofort ein Ermittlungsverfahren eingeleitet. »Erstes Ergebnis: ein Ausbilder, vierzig Jahre alt, Oberkommissar und stellvertretender Zugführer bei der 1. Einsatzhundertschaft … wurde vom Dienst suspendiert – wegen Volksverhetzung. Auch Nazi-Orden wurden in seinem Büro gefunden.«[8] Wenn der Zugführer gefunkt habe, dann sei es üblich gewesen zu rufen: »Sei still, der Führer spricht!«, und auf die Frage, was er denn spreche, habe es geheißen: »Seit fünf Uhr fünfundvierzig wird zurückgeschossen.« Mit dieser Lüge hatte Hitler den Zweiten Weltkrieg begonnen.

Würde sich jemand die Mühe machen, die Regional- und Lokalzeitungen zu durchforsten, käme ein entsetzliches Gesamtbild über die Mentalität innerhalb der deutschen Polizei zum Vorschein: Politiker aller Couleur verteidigen sie jedoch in der falschen Annahme, sie müssten die Wahrer von Sicherheit und Ordnung schützen, schließlich gäben sie dem Wähler, was er verlange, nämlich Sicherheit und Ordnung. Doch wer so denkt, der irrt. Denn dieses Verhalten führt in Wirklichkeit zu einem Verfall der Werte, da die Sicherheit als Element des ethischen Wertes Freiheit weder gewahrt wird noch Toleranz und Verantwortung als weitere Elemente der Freiheit in der Bevölkerung als schützenswert dargestellt werden.

Denn hier wird toleriert, was nicht toleriert werden dürfte. Und dies führt gleichzeitig zur Stärkung derjenigen, die als Neonazis, Rechtsradikale, Skinheads die Gesellschaft verunsichern. Auch Mitglieder der Kameradschaft Germania aus der Berliner Neonazi-Szene werden von den staatlichen Organen so behandelt, dass sie eines Tages vor Gericht erklären werden, sie wunderten sich, dass Gewalt verboten sei.

Im Juli 1999 waren rund zwanzig von ihnen zu einem Aufmarsch von Rechtsextremisten gegen die Wehrmachtsausstellung nach Hamburg gefahren. Auf dem Rückweg begegneten sie einer achtköpfigen Gruppe deutscher und polnischer Punks an der Raststätte Stolpe. »Die Punks saßen ganz friedlich vor ihrem Bus«, sagte ein Beamter der brandenburgischen Polizei später vor Gericht aus. »Plötzlich stiegen die Rechten aus ihren Fahrzeugen aus, vermummten sich und warfen mit Steinen und Flaschen auf die Punks.« Einer schlug sogar mit einer Eisenstange zu. Zwei Polizisten beobachteten den Vorfall, griffen jedoch nicht ein, sondern riefen Verstärkung. Wenig später wurden die sechzehn Neonazis verhaftet. Bei ihnen wurden Hausdurchsuchungen vorgenommen, und die Polizei fand Schlagwaffen und Kisten voller Propagandamaterial, die sie aber nicht beschlagnahmte.

Zwei Jahre später hatte die Schweriner Staatsanwaltschaft gegen fünfzehn der sechzehn Neonazis noch immer keine Anklage erhoben. Dass ein anderes Vorgehen möglich war, zeigte die Staatsanwaltschaft in Luckenwalde. Dorthin war ein Verfahren abgegeben worden, weil Jugendlichen und Heranwachsenden grundsätzlich an ihrem Wohnort der Prozess gemacht wird. In Luckenwalde wurde relativ schnell Anklage erhoben, und im Oktober 2000 – immerhin mehr als ein Jahr nach der Tat – folgte der Prozess, der mit der Verurteilung zu einer neunmonatigen Bewährungsstrafe für den Angeklagten endete.

Der Berliner Anwalt Stephan Schrage vertritt einen der angegriffenen Punks; er bezeichnet das Verhalten von Polizei und Justiz in diesem Fall als einen Skandal. Denn es wurden nicht nur innerhalb kürzester Zeit die Haftbefehle gegen die Angreifer aufgehoben, einer der Anführer der Kameradschaft, gegen den ebenfalls wegen des Angriffs auf die Punks ermittelt wird, ist zudem vorbestraft, in den vergangenen zehn Jahren waren gegen ihn vierzig Ermittlungsverfahren anhängig. Dieses Verhalten von Polizei und Justiz, so der Rechtsanwalt Schrage, ermuntere die Neonazis regelrecht, weiterzumachen.[9]

In den letzten zwanzig Jahren hat Ingrid Müller-Münch, Korrespondentin der *Frankfurter Rundschau*, Prozesse beobachtet, in denen Rechtsradikalismus eine Rolle spielte. Erst Gerhard Schröders Aufforderung zu einem »Aufstand der Anständigen« hat ihrer Meinung nach eine entscheidende Wende gebracht. Jahrelang hätten Gerichte so getan, als seien gegen Ausländer und Juden gerichtete Gewalttaten lediglich »dumme Jungenstreiche«. Erst jetzt begännen Richter zu verstehen, »dass nicht allein der mahnend erhobene Zeigefinger hier Einhalt gebieten kann, sondern klare, eindeutige Positionen in Gesellschaft, Politik, aber auch Justiz gefordert sind«[10]. Wahrscheinlich hätte sich die rechtsradikale Szene nicht so schnell formiert und so gewalttätig ausgebildet, wenn die Justiz ihnen von Anfang an unmissverständlich zu verstehen gegeben hätte, dass die Gesellschaft ihr Verhalten nicht duldet. Von vermeintlich verständnisvollen Richtern erhielten im Mai 1992 drei Mitglieder einer neonazistischen Jugendbande milde Bewährungsstrafen, obwohl sie einen Brandanschlag auf ein Flüchtlingsheim verübt hatten. Die Richter begründeten ihre Milde damit, dass die Täter mit ihrem Verbrechen doch nur »ein Zeichen setzen« wollten.

Die »allgemeinen politischen und gesellschaftlichen Umstände kurz nach der Wende« sah das Gericht bei der Urteilsfindung wegen des Mordes an dem Angolaner Antonio Amadeu Kiowa als strafmildernden Grund an und verurteilte die Täter gerade mal zu zwei und vier Jahren Haft. In Ravensburg erhielt ein neunzehnjähriger Skin fünf Jahre Jugendstrafe wegen Totschlags, obwohl der Neonazi einen Angolaner erstochen hatte. Denn nach Ansicht des Richters traf das Opfer eine

Teilschuld an seiner eigenen Ermordung: »Wir mussten davon ausgehen«, hieß es in der Urteilsbegründung, »dass die Hautfarbe des Opfers wesentlich zu der Tat beigetragen hat.«

Nicht nur die politischen Vorbilder, nicht nur Polizei und Justiz müssen lernen, die Freiheit als ethischen Wert anzusehen, Verantwortung zu zeigen und Sicherheit im polizeilichen wie auch im gesellschaftlichen Sinn zu gewähren. Das Bewusstsein nimmt zu, dass Intoleranz nur durch klare Grenzen bekämpft werden kann. Immer mehr Bürger nehmen an diesem gesellschaftlichen Kampf teil, immer mehr Unternehmen unterstützen Aktionen, immer mehr Polizisten und Richter verstehen ihre Rolle neu. Doch weiterhin begreifen zu wenige Menschen, dass nur durch konsequentes Handeln statt durch bloße Lippenbekenntnisse die Werte wieder anfangen werden zu leben.

Natürlich lässt sich trefflich fordern, wir müssten Kinder und Jugendliche schon in frühem Alter zu einer offenen Zivilgesellschaft erziehen, doch was macht eine Schuldirektorin, wenn sie mit der konkreten Frage konfrontiert wird: Soll sie einem Schüler erlauben, in Bomberjacke und Springerstiefeln am Unterricht teilzunehmen? Eine Reihe von Schulen haben dies inzwischen verboten. Und Ursula Hanebeck, Leiterin der Gesamtschule »Am Lauerhaas« in Wesel am Niederrhein, hatte keinen Zweifel, was zu tun sei. Als ein fünfzehnjähriger Schüler in der typischen Rechtsradikalenkleidung erschien, verbot sie es ihm, nachdem die ersten Hakenkreuz- und Türken-raus-Schmierereien in der Schule zu sehen waren. Zehn Prozent der Schüler sind Ausländer, von denen vor allem die Mädchen Angst bekamen. Selbstverständlich ändert das Kleiderverbot nichts in den Köpfen, das weiß auch Ursula Hanebeck, ein begleitender Unterricht kann aber viel bewirken. So beobachtete die Schulleiterin eine »deutliche Erweiterung des

Bewusstseins« bei Schülern und Lehrern, denn alle waren plötzlich »sehr wach« für das Thema Rechtsradikalismus. Und der Leiter der Forschungs- und Arbeitsstelle »Erziehung nach/über Auschwitz«, Matthias Heyl, meint: »Kleiderverbote lösen das Problem nicht, setzen aber ein notwendiges Zeichen. Ein Verbot nimmt diese Art der Jugendkultur sogar ernster als alle akzeptierende Pädagogik, nämlich als das, was sie ist: eine nicht akzeptable Gewaltandrohung.«[11]

In Brandenburg hat die Polizei nach diesem Muster eine Polizeieinheit eingerichtet, die den »öffentlichen Raum« sicher machen soll. Unter dem Kürzel »Mega« (für »Mobile Einsatztrupps gegen Extremismus, Gewalt und Ausländerfeindlichkeit«) treten fünf Trupps von jeweils acht Polizeibeamten gegen rechte Gewalt an. Ihre Aufgabe ist es, zu verhindern, dass die Rechtsradikalen sich trauen, Gewalt auszuüben. Das gelingt, indem die Beamten in der Nähe der Treffpunkte rechtsextremistischer Jugendlicher präsent sind, regelmäßig an Wochenenden Bahnhöfe, Tankstellen und Jugendclubs besuchen und sogar bei Wahlveranstaltungen von Neonazi-Gruppierungen zugegen sind. Nach zwei Jahren kannte die Szene die Beamten so gut, das Teile von ihr wegen der dauernden Kontrolle Brandenburg frustriert verließen und nach Mecklenburg-Vorpommern oder Sachsen-Anhalt auswichen. Nun gibt es jedoch wieder Kritik von anderer Seite: Der Handlungsspielraum der Polizei werde zu sehr erweitert, sie solle sich darauf beschränken, Straftäter zu verfolgen und potentielle Opfer schützen. Aber genau das erreicht Mega: Denn die sich stets verändernde Gesellschaft muss auch von ihren Institutionen verlangen, dass sie sich diesen Veränderungen anpasst. Wir haben gesehen, welche Mentalität die Polizei noch beherrscht, und da ist kritische Wachsamkeit Gebot. Aber wenn Politik und Polizei auch einmal neue Wege des Denkens, die Sicherheit schaffen, gehen wie in Brandenburg, sollten die Bürger dies anerkennen.

Toleranz bedeutet vor allem Wissen um den anderen. Und in dieser Hinsicht fehlt es in Deutschland in vielen Bereichen: Das Leben der Bürger jüdischen oder islamischen Glaubens, ihre Feiertage und das Gedenken an deren religiöse Anlässe finden in der allgemeinen Öffentlichkeit nicht statt. Diese Ausblendung fördert Gegenreaktionen selbst bei nur geringfügig vom Alltäglichen abweichenden Handlungen. Als ein Fernsehmoderator in der Düsseldorfer Synagoge ein ausführliches Gespräch mit Paul Spiegel zu dessen ersten Amtsjubiläum führte, bat Spiegel seinen Gesprächspartner, eine Kipa aufzusetzen. Dies rief selbst bei Zuschauern, die sich nicht als antisemitisch betrachten, erstaunlich negative Reaktionen hervor. Weshalb sich der nichtjüdische Interviewer hier einer jüdischen Tradition anpasse, wurde zum Teil äußerst aggressiv gefragt. Das sei doch nicht nötig.

Die Werte werden nur dann wieder den Wert erhalten, den wir uns erwünschen, wenn die Bürger ständig bereit sind, ihre Einsicht zu erweitern. Und wenn Rechtsradikale, wenn Polizei und Justiz, wenn auch die Politiker gerade im lokalen Bereich zur Einsicht nicht bereit sind, dann müssen sie in die Pflicht genommen werden, so wie Kant sie definiert.

Kapitel 7

Fiat iustitia …
Wie deutsche Politik der Macht die Gerechtigkeit opfert

Das Eifern des Staates um die Gunst des Bürgers

Der Gedanke von Freiheit als höchstes Gut innerhalb einer Gesellschaft hat sich in Deutschland bis heute nicht so maßgeblich durchgesetzt wie in England, Frankreich und besonders in den USA. Und im Sommer 2001 zeigten neue Untersuchungen in der Bundesrepublik sogar, dass die Freiheit gegenüber der Gleichheit an Bedeutung verloren hat. Doch dort, wo das Bedürfnis nach Gleichheit zunimmt, wächst die Macht des Staates, der die Gesellschaft kontrolliert und dem Individuum Freiheit nimmt.

Nun haben die Ostdeutschen die Freiheit mit ihrem unblutigen Volksaufstand 1989 gegen die DDR-Führung erkämpft, und dieses historische Ereignis hätte sich angeboten, den Bürgern Selbstbewusstsein zu geben und sie zu verstärktem Engagement für die Freiheit zu motivieren. In vielen Ländern sind gelungene Revolten gegen Diktaturen zu einem positiven Symbol für das weitere Verhalten der Bürger herangewachsen, doch erstaunlicherweise hat der Sturz der DDR-Diktatur den Wert »Freiheit« in der Bevölkerung nicht gestärkt. Somit bleibt die Bundesrepublik weiterhin eine Staatsgesellschaft – im Gegensatz zu den Bürgergesellschaften in Frankreich oder den Vereinigten Staaten, wo sich die Bürger stärker gegen die Bevormundung durch den Staat wehren. Dagegen fällt in Deutschland dem öffentlichen Bereich eine gewichtigere Rolle zu und damit auch den dort handelnden Personen.

Der Soziologe Max Weber hat sich in seiner berühmten Rede »Der Beruf zur Politik«[1] aus dem Jahre 1920 Gedanken über den öffentlichen Bereich gemacht und ist der Frage nachgegangen, inwieweit Politik auch nach den Maßstäben ethischer Werte betrieben werden sollte. Dies wird gern von denen bestritten, die Politik ausschließlich nach den Maßstäben von Machiavelli beurteilen, nach dem Motto, Politik habe nur mit der Erringung und dem Erhalt von Macht zu tun. Max Weber verbindet dagegen Politik und Ethik, wobei er zwischen Gesinnungs- und Verantwortungsethik unterscheidet. Der Gesinnungsethiker handelt nach der Maxime: Der Christ tut Recht und stellt den Erfolg Gott anheim, während der Verantwortungsethiker davon ausgehen muss, für die Folgen seines Handelns, soweit er sie voraussehen kann, selbst einzustehen.

Diese Rede sei den heute agierenden Politikern und Staatsdienern zur Lektüre empfohlen. Denn leider versagen Vertreter des Staates (nicht nur Politiker, sondern auch Personen, die von der Politik abhängen) häufig aus Machtstreben, wenn sie vor ethischen Entscheidungen stehen. Warum wohl haben sich deutsche Staatsanwälte so undemokratisch um die Prüfung der Akten des Genfer Generalstaatsanwalts über die Leuna-Affäre gedrückt? Doch nicht aus Faulheit, sondern weil sie um ihre Macht fürchteten. Wie peinlich und banal die Angst der Politiker zum Ausdruck kommt, wenn sie befürchten, sie könnten eine ihrer Wählergruppen vergrätzen, schildert der ehemalige BDI-Chef Olaf Henkel. Unter Kohl war es zum »Reformstau« gekommen. Henkel hätte es deshalb gern gesehen, wenn die CDU 1998 mit dem damaligen Fraktionsvorsitzenden der Union, Wolfgang Schäuble, in den Wahlkampf gezogen wäre, denn der wäre der richtige Kanzlerkandidat gewesen, dem die Wähler den Wunsch, Reformen durchzuführen, abgenommen hätten.

»Zu diesen Reformen gehört auch das Ladenschlussgesetz, mit dem wir hinter den meisten anderen Ländern herhinken, die längst zu liberalen Regelungen gefunden haben«, schreibt Henkel in seiner Biographie »Die Macht der Freiheit«. »Wie Kohl sich zu dieser anstehenden Änderung verhielt, lässt sich an folgender, scheinbar marginaler Beobachtung ablesen: In seiner vorletzten Amtszeit hielt er eine Rede vor dem Einzelhandelsverband, bei der er auch besagtes Thema anschneiden wollte. In seinem Redemanuskript fand sich ein Passus, der, einer Forderung seines Koalitionspartners FDP entsprechend, für eine Lockerung des Ladenschlusses plädierte. Als der damalige Verbandschef dies auf dem Weg zum Versammlungsort bemerkte, sagte er sinngemäß zu Kohl: ›Herr Bundeskanzler, wenn Sie das sagen, dann gibt es keinen Beifall.‹ Kohl reagierte blitzschnell. Statt, wie in seiner Rede vorgesehen, die Änderungen des Gesetzes anzukündigen, sagte er: ›In dieser Legislaturperiode wird das Ladenschlussgesetz nicht mehr geändert.‹«[2]

Statt zu tun, was verantwortlich und, offenbar auch nach seiner eigenen ursprünglichen Ansicht, sinnvoll im Interesse der Gemeinschaft gewesen wäre, ging es Kohl nur darum, seine Wähler zu befriedigen. Ähnliche Beispiele lassen sich wie Glasperlen an einer Kette aufreihen.

Das hemmungslose Streben politischer Parteien nach Macht hat seinerzeit schon Bundespräsident Richard von Weizsäcker beklagt, und es war der einzige Grund für die schwarzen Kassen des CDU-Vorsitzenden Helmut Kohl, für sein vermeintliches Ehrenwort, für die Schweizer Konten der CDU. Dieses ausschließliche Machtstreben trägt zum Verfall der ethischen Werte in unserer Gesellschaft bei.

Denn Politik darf sich nicht auf Machterwerb und Machterhalt reduzieren lassen, »sie hat es notwendig mit der Verwirklichung von Gerechtigkeit zu tun«, schreibt Ernst-Wolfgang Böckenförde, ehemaliger Verfassungsrichter und führender deutscher Staatsrechtslehrer. »Ob und in welcher Weise Gerechtigkeit in einem politischen Gemeinwesen herrscht oder auch nicht herrscht, wird wesentlich von politischem Handeln beeinflusst.«[3] Ohne Gerechtigkeit ist keine demokratische Gesellschaft denkbar.

Die untertänige Justiz

Die Gerechtigkeit gehört zu den Tugenden, die schon im Altertum von der Kunst als Figur dargestellt wurden: meist als Frau mit verbundenen Augen, die in der einen Hand eine Waage und in der anderen ein Schwert hält. Das Schwert deutet an, dass Justitia auch straft. Die verbundenen Augen sollen gewährleisten, dass sie gerecht entscheidet – ohne Ansehen der Person.

Dieser Grundgedanke findet sich auch in dem lateinischen Spruch *»fiat iustitia, et pereat mundus«*, eine Aussage, mit der Papst Hadrian VI. begründete, warum er es ablehnte, das Verfahren gegen einen Mörder niederzuschlagen, nur weil dieser von hoher Geburt war. Der von Hadrian erzogene Kaiser Ferdinand I. erhob dessen Maxime zu seinem Wahlspruch. Er besagt nichts anderes, als dass die Gerechtigkeit walten soll, wer auch immer vor ihr steht (*mundus* bedeutet hier nicht die Welt, sondern die weltliche Macht: Gerechtigkeit darf vor der weltlichen Macht nicht Halt machen). Das bedeutet aber auch, dass der Richter, dass jeder, der gerecht sein will, Mut oder Zivilcourage – auch sie Tugenden – besitzen muss, um seines Amtes zu walten. Nicht umsonst hat der französische Philosoph Charles de Montesquieu auf der

Dreiteilung der Gewalten beharrt: Neben die Regierung und das Parlament hat er die Justiz gestellt, die nach seiner Vorstellung unabhängig und nur dem Gesetz unterworfen ist und damit in kritischem Abstand zu den parteipolitisch bestimmten beiden ersten Gewalten steht. Die Justiz muss als Vorbild fungieren, denn wie soll der Bürger sonst von der Gerechtigkeit als ethischem Prinzip für sein eigenes Verhalten überzeugt sein?

Doch daran mangelt es in unserem staatlichen Justizsystem. Denn wer sich unabhängig der Klärung von Missständen widmet, muss in der angeblich so gerechten Bundesrepublik dafür büßen. So wurde etwa der Beamte, der die illegale Beschaffung von Parteispenden Anfang der achtziger Jahre in Bonn aufdeckte, so lange unter Druck gesetzt, bis er sein Amt aufgab. Allerdings hielt er den Repressionen so lange stand, bis er die Gesetzesverstöße zahlreicher Politiker publik gemacht hatte. Doch er ist ein seltener Fall. Das untertänige Verhalten der Justiz im Spendenskandal um Helmut Kohl ging so weit, dass Wilhelm Hennis, emeritierter Professor für Politikwissenschaft und einer der scharfsinnigsten Parteienkritiker der Bundesrepublik, im April 2001 zu einer Protestaktion beim Generalstaatsanwalt in Köln aufrief.

Hennis beklagte, wie wenig Staatsanwaltschaften sich bemühten, ihrem gesetzlichen Auftrag nachzukommen, offenkundige oder mutmaßliche Straftaten von politischen Machthabern aufzuklären. Die Augsburger Staatsanwaltschaft hatte alles getan, um Vorgänge, die mit dem Strauß-Clan zusammenhingen, unter den Tisch zu kehren. Andere Staatsanwaltschaften wollten mit der möglichen Bestechung deutscher Politiker durch den französischen Ölkonzern Elf nichts zu tun haben, obwohl der Genfer Generalstaatsanwalt Bernard Bertossa die Ergebnisse seiner Untersuchungen wie sauer

Bier angeboten und ehemalige Chefs von Elf vor Gericht in Paris erklärt hatten, rund siebzig Millionen Mark seien über die Schweiz nach Deutschland an Politiker gezahlt worden.

Bertossa ermittelte wegen dieser illegalen Geldzahlungen in der Schweiz und stieß dabei auch auf den Kauf von Leuna durch Elf. Er fand heraus, dass Gelder abgezweigt worden waren und deutsche Staatsbürger davon profitiert hatten. Bertossa: »Man findet Deutschland am Anfang und am Ende dieser Geschichte.« Doch die deutschen Justizbehörden trugen nichts dazu bei, die Wahrheit herauszufinden. Der Genfer Generalstaatsanwalt war zutiefst irritiert, denn »die Deutschen haben sich einfach tot gestellt. Wir haben der Augsburger Staatsanwaltschaft im September [2000] alle Fakten, die Deutschland betreffen, angeboten. Aber es gab keinerlei Reaktion. Unser Problem war nicht, dass sich die Deutschen offiziell weigerten zu ermitteln oder uns sagten, ihr jagt einem Gespenst nach, sondern das absolute Schweigen.« Für Bertossa war dieses Verhalten ein weiterer Beweis dafür, wie abhängig die deutsche Justiz agiert, denn es war ihm schon mehrfach passiert, dass deutsche Staatsanwälte seine Ermittlungsergebnisse nicht wahrgenommen hatten: »1996 meldete ich den deutschen Behörden, dass Siemens bei einem öffentlichen Auftrag in Spanien mit Bestechungsgeldern operierte. Es gab keine Reaktionen. Oder der Fall Barschel. 1987 verstarb der CDU-Politiker unter zweifelhaften Umständen in Genf. Es dauerte bis Anfang der neunziger Jahre, ehe sich [die deutsche] Justiz bewegte. Dabei war klar: Was auch immer geschah, der Grund für Barschels Tod war in Deutschland zu finden.«[4]

Auch das Bundesjustizministerium wurde nicht von sich aus aktiv; erst, als Bertossa keinen Ausweg mehr sah und beschloss, die Ermittlungen an die Bundesrepublik zu delegieren, reagierte die Behörde und schaltete die Bundesanwaltschaft in Karlsruhe ein. Es verwundert, dass die Bundesregierung den politischen Gegner schützt, was die Vermutung nahelegt, alle Parteien befürchtete, in diesem Affärensumpf zu stecken. Professor Hennis geriet in Rage, weil sich die Staatsanwaltschaft in Bonn weigerte, ein Verfahren einzuleiten, das Kanzleramtschef Frank-Walter Steinmeier am 7. Juli 2000 durch eine Anzeige wegen Computersabotage in Gang bringen wollte. Steinmeier hatte sich daran erinnert, was er im Oktober 1998 wenige Stunden nach der Amtsübergabe von Helmut Kohl an den neugewählten Bundeskanzler Gerhard Schröder im Kanzleramt erlebt hatte. Als er gegen zehn Uhr abends sein künftiges Büro aufsuchte, traf er auf eine Sekretärin, die Akten im Reißwolf vernichtete. Steinmeier fragte, was sie noch so spät treibe, worauf die Dame keck antwortete: »Das sehen Sie doch!« Erst später wurde Steinmeier klar, was hier geschehen war.

Aufgrund des Parteispendenskandals von Helmut Kohl und der CDU wurde es plötzlich überaus wichtig, die Dokumente des Kanzleramts einzusehen, die Aufschluss über Airbus-Verkäufe nach Kanada und Thailand, den Verkauf von Eisenbahnerwohnungen an den späteren CDU-Großspender Karl Ehlerding, das Thyssen-Panzergeschäft mit Saudi-Arabien und besonders den Verkauf von Leuna gaben. In den Archiven des Kanzleramts waren die Originale zu diesen Vorgängen verschwunden, während sich die Unterlagen zu anderen Airbus-Verkäufen – etwa nach Malaysia oder China – an Ort und Stelle befanden. Die Staatsanwaltschaft begründete ihren Beschluss, kein Verfahren einzuleiten, mit der Feststellung, dass es »nicht im Ansatz« ersichtlich sei, »welchen Sinn eine absichtliche Beseitigung der Originalakten haben könne, da diese Akten doch vollständig in Kopie vorhanden seien«.

Doch auch die Kopien waren nicht vollständig erhalten, und außerdem bestand die Möglichkeit, dass die Originale aussagekräftige handschriftliche Vermerke enthalten hatten, die erst nach dem Kopiervorgang eingetragen worden waren.

Dem öffentlichen Protest des Politologen Hennis, der einige Jahre CDU-Mitglied gewesen war und Helmut Kohl eine Zeit lang bewundert hatte, schlossen sich mehr als zwölftausend Bürger mit einem Brief an den Generalstaatsanwalt in Köln an. Der forderte die Akten an und ließ sich viel Zeit, eine Entscheidung zu treffen.[5] Nicht die Gerechtigkeit ist das Ziel des Handelns der Justiz, meint Hennis, sondern »mit denen ›da oben‹ legt man sich besser nicht an, die Beförderungschancen liegen in ihrer Hand. So beginnt die Unfreiheit überall: Es ist besser, sich einem Mächtigen, einem Patron anzudienen, wenigstens seiner Partei anzugehören.«[6]

Aufgrund des Parteienskandals plant der Bundestag »gesetzgeberische Konsequenzen«. Der Bundespräsident rief eine Expertenkommission ein, die sich darüber Gedanken machte, wie ein schärferes Parteienfinanzierungsgesetz auszusehen habe. Der Berg kreißte, und heraus kam eine Maus. Die einzig wirksame Strafmaßnahme hätte heißen müssen: Verstöße gegen das Parteiengesetz führen zur Aberkennung des passiven Wahlrechts, und sei es auch nur für eine beschränkte Zeit. Danach hätten Politiker, die wissentlich das Parteiengesetz umgehen, damit rechnen müssen, ihr Amt zu verlieren. Doch da die Parteien selbst darüber entscheiden, wie sie bestraft werden können, haben auch die Mitglieder der Kommission ein windelweiches Expertenpapier verfasst nach dem Motto: Das könnte durchkommen. Es enthält so viele Schlupflöcher, dass über kleine Umwege eine illegale Parteienfinanzierung auf vielen Wegen weiterhin möglich ist.

Gerechtigkeit scheint nicht der Maßstab des Handelns zu

sein, ebenso wenig wie die von Max Weber geforderte Verantwortungsethik. Für einen Laien mag es wie Hohn klingen, wenn er einen Blick in das Strafgesetzbuch wirft, wo unter §129 die Bildung krimineller Vereinigungen bestraft wird. Dort heißt es in Absatz 1: »Wer eine Vereinigung gründet, deren Zwecke oder deren Tätigkeit darauf gerichtet sind, Straftaten zu begehen, oder wer sich an einer solchen Vereinigung als Mitglied beteiligt, für sie wirbt oder sie unterstützt, wird mit Freiheitsstrafe bis zu fünf Jahren oder mit Geldstrafe bestraft.« Nun kann der normale Bürger sich nicht vorstellen, dass eine politische Partei eine Vereinigung sein könnte, die in der Absicht gegründet wird, Straftaten zu begehen. Trotzdem haben die Parteien im Absatz 2 dieses Gesetzes festgehalten, dass sie von der Bestrafung ausgenommen werden: »Absatz 1 ist nicht anzuwenden … wenn die Vereinigung eine politische Partei ist, die das Bundesverfassungsgericht nicht für verfassungswidrig erklärt hat …«

Die Normalität der Habgier

Gerechtigkeit ist wie kein anderer ethischer Maßstab ein Scharnier im Gefüge der zahlreichen Werte, eine Kardinaltugend, und der Mensch hat Anspruch auf ihre Anwendung. Deshalb darf der Bürger Gerechtigkeit fordern. Wenn Justitia die Waage in der Hand hält, so zeigt sie an, dass zwischen zwei Interessen entschieden wird, und als Richtmaß dient die Gerechtigkeit. Sie regelt das Handeln der Menschen im Verhältnis zueinander. Da die Bürger einer Gesellschaft mehrere Rollen ausüben, tritt das Verhältnis zum anderen in dreierlei Gestalt auf. Erstens stehen sich zwei gleichberechtigte Bürger gegenüber, zum Zweiten handelt der Bürger als Wähler gegenüber der politischen Gemeinschaft, zum Dritten wirkt die politische Gemeinschaft mit ihren Entscheidungen auf den Bürger ein. Wir haben gesehen, wie es um die Beziehung von Bürger und Staat steht. Aber könnte nicht wenigstens im Verhältnis der Bürger untereinander Gerechtigkeit walten?

Im privaten Bereich wird Gerechtigkeit häufig als die Tugend der Starken bezeichnet. Der Starke verfügt aufgrund seiner Fähigkeiten und Mittel über mehr Macht als der Schwache, doch wird von ihm erwartet, dass er trotz seiner Macht den Schwächeren nicht zu übervorteilen sucht. Von diesem Gedanken ausgehend, hat der Amerikaner John Rawls seine Theorie der Gerechtigkeit als Fairness definiert.[7] Sein Prinzip lautet: Soziale und wirtschaftliche Ungleichheiten sollen so geregelt werden, dass sie dem am wenigsten Bevorteilten am meisten nützen.

Die Habgier siegt jedoch über Fairness. Natürlich haben die Habgierigen einen anderen Begriff für ihr Verhalten gefunden, einen mit positivem Klang. Sie sprechen von Shareholder-Value, von Gewinnmaximierung oder einfach nur von Prämie. Darunter kann man alles Mögliche verstehen, und gesellschaftlich scheint der hemmungslose Griff in die Geldbeutel immer stärker toleriert zu werden. Denn die maßlose Aktienspekulation im Internetbereich hat nicht nur die erfahrenen Börsianer und reichen Aktienbesitzer angelockt, sondern gerade auch den ganz normalen Verdiener. Vom Taxifahrer über den Maskenbildner bis hin zum Metzger und Beamten haben alle an dem Roulettespiel teilgenommen und sich ausnehmen lassen. Während jeder einen Verlust an der Börse selber zu verantworten hat, haben sich viele Menschen in ihren Berufszweigen daran gewöhnt, den Gewinn zu maximieren, auch wenn die Verfahren illegal sind. Die Habgier hat inzwischen auch die letzten Reservate erreicht. Standen einst die deutschen Beamten, die treu ergebenen Diener des Staates, in dem Ruf, pünktlich, genau und unbestechlich zu sein, so wird heute selbst gegen BKA-Mitarbeiter und Landeskriminalämter wegen Bestechung ermittelt. Im Sommer 2001 entdeckte der Frankfurter Oberstaatsanwalt Wolfgang Schaupensteiner eine »Sumpflandschaft«, wie er sie »so nicht für möglich gehalten hatte«. Mehr als zweihundert Einwohner der Stadt waren in ein flächendeckendes Korruptionssystem verstrickt. Die Funktionäre im Frankfurter Hochbauamt und in den städtischen Wohngesellschaften hatten sich über Jahre und Jahrzehnte hinweg bereichert. Baufirmen erkauften sich bei ihnen Wohlwollen und Aufträge, doch die Bestechungsgelder schlugen sich in Schwindel erregenden Rechnungen nieder. So stieß die Staatsanwaltschaft auf einen Vorfall, wonach die Bauleiter Karlheinz M. und Thomas P. von der Frankfurter Aufbau AG Handwerksrechnungen beglichen hatten, die um 152762 Mark überhöht waren. Die Kosten für den Wiederaufbau des abgebrannten Schwimmbads Höchst lagen mit 1,11 Millionen Mark sogar um 168 Prozent über der vorgesehenen Auftragssumme. Die Bestechungsgelder summieren sich in Millionenhöhe – zu Lasten des Steuerzahlers. Am meisten entsetzte den Oberstaatsanwalt Schaupensteiner die Uneinsichtigkeit der biederen Täter. Sie sahen in ihrem Handeln kein Unrecht.

Millionenschäden verursachen jedes Jahr auch Ärzte und Patienten, sodass die Krankenkassen inzwischen Sonderermittler einsetzen. Sie fanden zum Beispiel heraus, dass Kardiologen Herzkatheder zu Phantasiepreisen mit den Krankenkassen abrechneten. Der Schaden für die AOK betrug zwei Millionen Mark. Eine Apotheke rechnete Nährstofflösungen für Krebskranke über den Tod der Patienten hinaus ab. Die Rechnungen schickte ein Krankenhausarzt, der die

Patienten behandelt hatte, über einen Pharmavertreter an die Apotheke – es ging um immerhin 3,1 Millionen Mark. Um 3,5 Millionen Mark schröpften Orthopäden die Kassen, indem sie mit einem Sanitätshaus verabredeten, dass ihre Patienten Rezepte für Maßanfertigungen einreichten, aber nur Standardeinlagen erhielten. Unrechtsbewusstsein: null.

Nur wenn die Habgier zu offensichtlich wird, greift die Staatsanwaltschaft ein, auch wenn sie immer wieder feststellt, dass die Betroffenen nicht verstehen, weshalb sie belangt werden. Zu sehr hat sich in dieser Gesellschaft der Gedanke durchgesetzt, jeder dürfe nehmen, was er bekommen könne. Und da sind die Starken stets in der Vorderhand. Auf Kosten der Aktionäre bereicherten sich Mannesmann-Manager, als Vodafone die Übernahmeschlacht gewonnen hatte. In der Nacht vom 3. auf den 4. Februar 2000 verkündeten gegen 23 Uhr der Konzernchef von Mannesmann, Klaus Esser, und der von Vodafone, Chris Gent, eine friedliche Einigung, und Gent strahlte: »Klaus und ich, wir sind beide Gewinner.«

Am Tag drauf tagte der Mannesmann-Ausschuss für Vorstandsangelegenheiten und beschloss, Esser und vier weitere Mannesmann-Manager sollten eine »Prämie« von hundert Millionen Mark erhalten. Der kurzfristig als Aufsichtsratschef des Unternehmens tätige Joachim Funk, fünf Jahre lang Vorstandsvorsitzender von Mannesmann, wollte auch entschädigt werden, forderte neun und erhielt sechs Millionen Mark. Und obwohl Mannesmann nun in absehbarer Zeit in Vodafone aufgehen sollte, wurden noch schnell die beiden Manager Kurt Kinzius und Albert Weismüller zu Vorständen erhoben. Dieser Befriedigung der Habgier stimmten die Mitglieder des Vorstandsausschusses zu – unter ihnen Josef Ackermann, designierter Chef der Deutschen Bank, und nicht einmal IG-Metall-Chef Klaus Zwickel stimmte dagegen. Nun ermittelt die Staatsanwaltschaft Düsseldorf gegen Esser und vier ehemalige Vorstandsmitglieder, gegen Funk, Gent und Ackermann wegen des Verdachts der Untreue zum Nachteil der Aktionäre, wegen möglicher Bestechung und Bestechlichkeit. Denn es ist kaum ersichtlich, weshalb Esser und Konsorten hundert Millionen Mark »Prämien« verdient haben sollten, es sei denn für ihre Zustimmung zur Übernahme von Mannesmann durch Vodafone.

Die Habgier in Form von Korruption nimmt in Deutschland zu. Das bestätigt die Rangliste von Transparency International, die die Einschätzung der Verbreitung von Korruption im öffentlichen Dienst und unter Politikern widerspiegelt. Die Bundesrepublik ist darauf auf Platz zwanzig gerutscht, im vorhergehenden Jahr stand sie noch auf Rang siebzehn und 1999 bei vierzehn. Michael Wiehen, der Vorsitzende der deutschen Abteilung dieser äußerst seriösen Einrichtung zur weltweiten Beobachtung von Korruption, hält das stetige Abrutschen Deutschlands auf dem Korruptionsindex für alarmierend. Es reflektiere »die nicht enden wollenden Skandale bei der Parteienfinanzierung, beim Missmanagement öffentlicher Unternehmen und bei der manipulierten Vergabe und mangelhaften Durchführung öffentlicher Bauaufträge«. Und Wiehen befürchtet, den größten Schaden richte vielleicht »die Tatsache an, dass die deutsche Justiz die zahlreichen Korruptionsskandale oft nur sehr zögerlich angeht«.

»Wir erwarteten Gerechtigkeit, und es kam der Rechtsstaat«

Gerechtigkeit hat viele Facetten. Sie ist auch eine soziale Tugend, wo sie im Sinn der Solidarität der Gemeinschaft die Verteilung der beschränkt vorhandenen Güter vornimmt nach dem Prinzip: Jedem kommt das Gleiche zu. Der wohl kaum mehr als hundert Jahre alte Begriff der sozialen Gerechtigkeit ist jedoch bis heute heftig umstritten. Die Diskussion dreht sich darum, festzulegen, was der Satz »Jedem kommt das Gleiche zu« bedeutet. Während wirtschaftsliberale Denker den Begriff der sozialen Gerechtigkeit ablehnen[8], da er, so ihre Argumentation, nicht auf das Ergebnis eines spontanen Wirtschaftsablaufs angewendet werden könne, wird er von denen bejaht, die soziale Gerechtigkeit nicht ausschließlich als Frage der Verteilung, sondern als solidarische Pflicht in einer Gesellschaft, als Sozialpolitik verstehen[9].

Gerechtigkeit ist die Grundlage dessen, was als Generationenvertrag umschrieben wird. Schutzlos kommt das Kind auf die Welt und kann nur überleben, weil die Eltern es versorgen. Dafür werden diese im Alter die Unterstützung der nun erwachsenen Kinder benötigen, die sie ihnen – so ist es gerecht – im Tausch für die empfangene Hilfe wiedergeben.

Aber die Gerechtigkeit zwischen den Generationen geht sehr viel weiter und betrifft auch den Umgang mit der Erde. Da die Natur endlich ist, verlangt es die Gerechtigkeit, dass eine Generation der folgenden die Welt in dem Zustand übergibt, in dem sie sie selbst übernommen hat. Diesen Gedanken kann man auch auf andere Bereiche übertragen: Es ist ungerecht, wenn eine Generation über ihre Verhältnisse lebt und der nächsten eine unangemessene Staatsverschuldung hinterlässt. Politiker, die dies hinnehmen, verstoßen gegen die Tugend der Gerechtigkeit.

Als die Diktatur der DDR zerfallen war, hofften die ostdeutschen Bürgerrechtler, nun in der Bundesrepublik einen gerechten Staat zu finden. Wie sehr sie enttäuscht wurden, zeigt Bärbel Bohleys Satz: »Wir erwarteten Gerechtigkeit, und es kam der Rechtsstaat.« Damit drückte sie aus, was sicherlich viele denken: Gerechtigkeit empfinden wir persönlich, der Rechtsstaat ist anonym. Seine Entscheidungen sind häufig nicht einzusehen. Wenn dies so ist, hat der Staat einen Teil seiner moralischen Glaubwürdigkeit verloren.

Kapitel 8

»Wir nehmen uns, was wir kriegen können« Begehrlichkeit als Leitmotiv der Gesellschaft

Jeder will Gewinner sein

Deutschland, wie auch viele andere westliche Industrieländer, befindet sich seit Jahren in einem in seiner langen Geschichte bisher nie da gewesenen Zustand, in dem die Bürger Frieden, Freiheit und Wohlstand weitgehend unbesorgt genießen können. Und der Wohlstand ist – trotz so mancher Ungerechtigkeit – immer noch äußerst weit gestreut. In den ersten Jahrzehnten ihrer Existenz definierte sich die Bundesrepublik als ein System sozialer Marktwirtschaft, der Begriff vom solidarischen Wohlfahrtsstaat prägte sich ein. Doch beide Elemente drifteten bald auseinander – und das aus dem gleichen Motiv: aus Begehrlichkeit. Die Marktwirtschaft verlor aus Habgier das Beiwort »sozial«, der Wohlfahrtsstaat opferte die Solidarität dem Anspruchsdenken.

Denn den materiellen Wert »Geld« hat die Gesellschaft spätestens in den neunziger Jahren zum Goldenen Kalb erhoben, und manchmal drängt sich der Eindruck auf, als werde der materielle Besitz zum einzig gültigen Gesellschaftsziel erklärt. Das lässt sich besonders krass in den Zeiten des sensationellen Aufstiegs und des genau so plötzlichen Absturzes von Firmen des »neuen Marktes« beobachten. In der veröffentlichen Meinung wurden besonders jene Unternehmensführer zu großen Vorbildern hochgeschrieben, die aus dem Nichts EM.TV oder ähnliche Firmen aufbauten, deren Marktwert in Aktien bald über dem von »seriösen« Firmen wie etwa der Lufthansa lagen. Als dann der Börsenabsturz diese aufgeblasenen Glücksritter auf den Boden der Tatsachen hinabbeförderte, verdammte sie die gleiche öffentliche Meinung zwar, aber es schwang bei aller Kritik immer die Bewunderung mit, dass jene Menschen wenigstens ein dickes Millionenpolster für sich privat erwirtschaftet hatten. Da die meisten Kleinanleger als Opfer anonym bleiben, erfahren sie kein Mitleid.

Die bisher gültigen Regeln, durch die ein Mensch auf redlichem Weg zum Wohlstand gelangt, haben aus mindestens zwei Gründen an Anerkennung verloren. Zum einen lehrt die Erfahrung, dass nur ein beschränkter Teil der Gesellschaft dieses materielle Ziel erreicht, zum anderen aber hat Reichtum eine solche unverhältnismäßige Bedeutung erhalten, dass sich die Bereitschaft der Menschen, dieses Ziel auf jedem irgendwie möglichen Weg zu erreichen, ins Unermessliche steigert.

Die öffentliche Meinung, geprägt durch Politik und Wirtschaft, hat einen wesentlichen Einfluss auf dieses Verhalten, denn sie gibt die scheinbar unwiderruflich richtige Begründung vor: Gewinner werden sozial in die höchste Rangstufe der gesellschaftlichen Akzeptanz gestellt, gleichgültig, ob sie die Regeln gebrochen haben oder nicht. In der Wahrnehmung wird Kriminalität auch selten mit Wirtschaft und Finanzen verbunden. Die Furcht vor Verbrechen und mangelnder innerer Sicherheit bezieht sich vielmehr auf Gewalttaten. Gewalt weckt Ängste, erregt die Gefühle der Menschen. Deshalb reagieren Politik und Medien stärker auf den Überfall auf eine Bank als auf den Betrug oder die Unterschlagung durch Mitarbeiter von Banken, obwohl damit weitaus größerer Schaden angerichtet wird – aber er wirkt eben weniger spektakulär. Wenn es einem Baulöwen wie Jürgen Schneider gelingt, die Banken um Milliarden zu erleichtern, dann wird er auch nach einer milden Gefängnisstrafe wieder in die Talkshows eingeladen – und ist damit weiterhin »wer«.

Die Kleinen sind die Dummen

So wie Emile Durkheim festgestellt hat, dass in Zeiten des explodierenden Wachstums die Zahl der Selbstmorde zunimmt, weil die Menschen die Orientierung verlieren, so wächst auch die Zahl der kriminellen Taten im Wirtschaftsbereich, und zwar nicht, weil Menschen, die nichts besitzen, sich auf verbotene Art und Weise beschaffen wollen, was sie sonst nicht erhalten können, sondern weil sie der Überfluss, der sie umgibt, dazu verleitet, mehr und mehr zu begehren.

Unternehmenschefs erwarten zu achtzig Prozent eine Zunahme wirtschaftskrimineller Handlungen, wie eine Umfrage der KPMG-Deutsche-Treuhandgesellschaft Berlin ergab[1]. Unter den Gründen, die die Manager angeben, rangiert an erster Stelle der Verfall der gesellschaftlichen Werte, und fast die Hälfte der befragten Unternehmer beschloss daraufhin, zur Vorbeugung gegen zukünftige Taten Richtlinien zur Unternehmensethik erarbeiten zu lassen. Was in den Firmen geschieht, ist nur eine Auswirkung der gesellschaftlichen Entwicklung. Die Grenzen des erlaubten Handelns lockern sich von Jahr zu Jahr. 1985 billigten 29 Prozent der Befragten den Versicherungsbetrug, 1992 waren es schon 39 Prozent. In der jüngeren Generation wuchs diese Haltung innerhalb des Befragungszeitraums sogar von der Minderheits- zur Mehrheitsmeinung: Während 1985 »nur« 40 Prozent der unter Dreißigjährigen davon »überzeugt waren, dass ein Versicherter bei Versicherungsfällen ohne weiteres zusätzliche, nicht berechtigte Ansprüche« geltend machen könne, äußerten 1992 schon 57 Prozent diese Ansicht.

Der Verfall der Werte lässt sich auch in anderen Bereichen nachweisen: So meinte noch eine Mehrheit von 65 Prozent der Bevölkerung im Jahr 1985, Steuerhinterziehung sei unter keinen Umständen zu rechtfertigen. In den folgenden sieben Jahren wechselten so viele ihre Meinung, dass 1992 nur noch eine knappe Mehrheit von 51 Prozent diese Auffassung teilte.[2] Über diese Entwicklung darf man sich nicht wundern, denn die Bereicherungsmentalität in Politik, Wirtschaft und Finanzen kann jeder Bürger miterleben. Wenn der ehemalige Schatzmeister der CDU und Finanzminister von Niedersachsen, Walter Leisler-Kiep, sich in einer versteckten Form der Bereicherung rund eine Million Mark an Spendengeldern »unter den Nagel reißt«, ohne dafür groß bestraft zu werden, wenn es Banken und Firmen der »new economy« ungestraft gelingt, Aktien im Wert 234 Milliarden Mark an den kleinen Mann zu bringen, die ein Jahr später nur noch einen Wert von 30 Milliarden haben, dann sind alle Grenzen der Begehrlichkeit aufgehoben.[3] Aber auch »seriöse« Unternehmen wie die Deutsche Telekom haben etwa durch Schönrechnung ihres Immobilienwertes eine hohe Marktwertung erhalten, die innerhalb eines Jahres zusammenbrach. Vom März 2000 an sank der Unternehmenswert der Telekom von 314 auf knapp 100 Milliarden Euro, was einen Verlust von mehr als 200 Milliarden Euro – 400 Milliarden Mark (knapp so viel wie der Bundeshaushalt für das Jahr 2000!) – bedeutet. Vor der Öffentlichkeit wird der Aktienabsturz zur »Kapitalvernichtung« erklärt. Aber nicht alles Kapital ist »vernichtet« worden.

Es hat sich eingebürgert, ein Unternehmen auf den Aktienmarkt zu bringen, daran verdienen Banken und Verkäufer, und wenn die Aktien nach einiger Zeit nur noch einen Bruchteil des Wertes haben, zu dem sie ausgegeben wurden, kauft der ursprüngliche Anbieter sie zurück, besitzt dann weiterhin sein Unternehmen und hat zusätzlich an der Börse ein Vielfaches des Wertes dieses Unternehmens eingespielt:

Das Kapital ist also nicht »vernichtet«, sondern den Anlegern aus der Tasche gezogen worden. Sie sind die Dummen. Im landläufigen Verständnis sind sie betrogen worden, aber nicht im strafrechtlichen Sinn.

Der Club der verschwiegenen Diebe

Ethische Werte haben innerhalb des Wirtschaftsgeschehens kaum noch eine Bedeutung, das ergibt sich aus kriminologischen Untersuchungen. So stellt Susanne Fischer in ihrem Forschungsprojekt über »Betriebe als Opfer« fest, dass Betriebskriminalität in vielen Fällen nicht angezeigt wird, weil ganze Belegschaften daran beteiligt sind, ja, dass sich sogar ganze Branchen illegaler Methoden bedienen, was sie an zahlreichen Fallbeispielen nachweist.[4]

So schildert der ehemalige Abteilungsleiter eines Kaufhauses, dass fast die gesamte Belegschaft regelmäßig Waren stiehlt, besonders die Verkäufer, die sich morgens vor der Öffnung des Geschäfts unbeaufsichtigt in den Verkaufsräumen aufhalten. Das sei allen im Hause bekannt, aber da sich die Abteilungsleiter, wie auch die Angestellten in der Personalabteilung, fast ausschließlich aus dem Personal des Kaufhauses rekrutierten, seien sie früher selbst einmal Verkäufer gewesen und hätten in dieser Funktion ebenfalls gestohlen. Nun hätten sie zwar einen höheren Posten erreicht, könnten sich aber schwer auf eine neue, moralische Position stellen, da alle Mitarbeiter ihr vorheriges unethisches Verhalten kennen. Würden sie plötzlich streng durchgreifen, liefen sie Gefahr, verpetzt zu werden, und könnten ihren Arbeitsplatz verlieren.

Aber es gibt noch ein zweites Motiv, das Vorgesetzte daran hindert, gegen stehlende Mitarbeiter vorzugehen. Die

Tat muss nachgewiesen werden. Eine ergebnislose Durchsuchung bei einem Verdächtigen würde dem Vorgesetzten von Seiten des Betriebsrats angelastet, was er wiederum als Bedrohung seiner Position empfindet. So breiten sich Gesetzesübertretungen aus, gefördert durch Führungskräfte, die das unethische und illegale Verhalten des Personals dulden, weil sie sich selber erpressbar fühlen. Unmoralisches Handeln wird auf diese Weise zum Maßstab im Betrieb, und kriminelles Verhalten in der Folge zur Norm. Hier wäre es Zeit zu handeln: Ein anderes Verhalten der Belegschaft herbeizuführen wäre wahrscheinlich nicht allzu schwierig, wenn die Unternehmensleitung die Diskussion offen führen würde und einen gemeinsam anerkannten ethischen Kodex durchsetzen könnte. Voraussetzung wäre jedoch, dass auch der Unternehmensleitung an ethischem Verhalten gelegen ist. Dazu müsste sie das Vorbild abgeben, was aber häufig nicht im Interesse der Betriebe liegt.

Strafrechtliches Verhalten ist nach der Untersuchung von Susanne Fischer in manchen Branchen der Industrie »geradezu systemimmanent«, da die Unternehmensführungen das ungesetzliche Verhalten aus Profitinteresse, also auch aus Begehrlichkeit, decken. Besonders die Pharmaindustrie scheint von dem laschen Umgang mit moralischen Werten und Gesetzen betroffen zu sein.[5] Der Außendienst bei den Pharmakonzernen lädt geradezu zum Betrug ein. Der Vertreter kann Arztbesuche oder deren Dauer leicht vortäuschen. Seinen Dienstwagen tankt er auf Kosten des Hauses, aber niemend kann überprüfen, wozu er ihn tatsächlich benutzt. Es ist sogar vorgekommen, dass Vertreter ihr Auto außerhalb der Dienstzeit vermietet haben. Um den Verkauf zu fördern, stehen den Pharmareferenten Beträge zur Verfügung, die sie für Bewirtung von Ärzten oder andere Leistungen verwenden sollen. Eine Mitarbeiterin nutzte das Geld jedoch ausschließlich für eigene Zwecke und finanzierte damit die Einrichtung der Praxis ihres Mannes. Eine andere gab das Geld für sich aus und fälschte die Belege, allerdings so nachlässig, dass sie überführt wurde. Bei ihr handelte es sich um regelrechte Wohlstandskriminalität, da sie finanziell unabhängig und auf den Arbeitsplatz nicht angewiesen war, also keine Angst haben musste, ihn zu verlieren. Sie handelte aus Begehrlichkeit, und das hatte keine schwerwiegenden Folgen, sie wurde nur gebeten, von sich aus zu kündigen. Das Unternehmen beschloss daraufhin, keine Außenvertreter mehr anzustellen, die finanziell unabhängig waren. Aber sie wurde nicht angezeigt, denn das Strafrecht gilt in der Pharmabranche als tabu, »da man große Sorge habe, das Vertrauensverhältnis zwischen Referenten und Arzt zu stören. Kunde und Zielperson ist der Arzt, und man bemüht sich, jegliche Missklänge zu vermeiden.«

Das Strafrecht bleibt auch deshalb unangetastet, weil die Pharmavertreter von ihren Unternehmen zu Gesetzesübertretungen zwecks Verkaufsförderung geradezu ermuntert werden. Sie geben widerrechtlich Probepackungen ab und machen sich die Kunden mit Geschenken und sogar größeren Geldbeträgen gefügig. Selbst an Steuerdelikten beteiligen sie sich. Wenn sie etwa eine Theaterkarte verschenken, die einen gewissen Betrag übersteigt, müsste der Arzt diesen voll versteuern, was das Geschenk uninteressant machen würde. So wird der Betrag einfach nach unten korrigiert und das Finanzamt betrogen.

Auch im innerbetrieblichen Bereich werden die Regeln gebrochen. So hat ein Pharmaunternehmen festgelegt, dass ihre Vertreter Spesen erst nach einer halben Stunde Fahrt geltend machen können, da auch Mitarbeiter aus dem Innendienst eine entsprechende Fahrtzeit zum Arbeitsplatz zurücklegen müssen. Geduldet von der Firmenleitung nimmt die Abteilung Außendienst jedoch hin, dass ihre Mitarbeiter ihren Dienst um diese halbe Stunde »verlängern«.

Nun machen Pharmakonzerne so erhebliche Umsätze und Gewinne, dass die »kleinen« Unregelmäßigkeiten der Mitarbeiter kaum ins Gewicht fallen. Und wo keine Sanktionen drohen, entsteht auch kein Unrechtsbewusstsein. Aus Begehrlichkeit lassen Wirtschaftsunternehmen zu, dass die Mitarbeiter ihre persönliche Begehrlichkeit auf Kosten des Arbeitgebers befriedigen. Wer aber im Berufsleben seine Begehrlichkeiten ausleben kann, wird auch in seinem Privatleben davon überzeugt sein, dass unethisches Handeln üblich ist.

In jeder Gesellschaft werden Grenzen überschritten und Regelungen nicht auf Punkt, Komma und Strich eingehalten, und das nehmen selbst strenge Ethiker von Aristoteles bis Kant hin, wenn es sich um »lässliche Sünden« handelt. Einen gewissen Bereich von nicht deklarierter Arbeit wird es immer geben, und daran wird die Gemeinschaft auch nicht leiden, gar zugrunde gehen. Das liegt auch daran, dass staatliche Regeln nie perfekt sind und nicht jeden speziellen Einzelfall berücksichtigen können, da sie allgemein gültig sein sollen. Aber in der Bundesrepublik hat die Schwarzarbeit inzwischen so zugenommen, dass man nicht mehr von einer lässlichen Sünde sprechen dann. Sie macht inzwischen sechzehn Prozent des Bruttosozialprodukts aus. Würde man sie auf ein Mindestmaß zurückschrauben, könnten 500000 Stellen besetzt werden. Von der Schwarzarbeit profitieren Unternehmer wie Arbeitnehmer. Die Unternehmer sparen die zusätzlichen Lohnabgaben und zahlen häufig Löhne weit unter Tarif, die Arbeitnehmer beziehen häufig nebenbei Arbeitslosenunterstützung und kommen damit auf ein gutes Einkommen. Bei Kontrollen im Jahr 1999 fielen 253 000 Männer und Frauen auf, die schwarz arbeiteten und rund 120 Millionen Mark an staatlichen »Lohnersatzleistungen« zusätzlich einstrichen.

Nach Schätzungen des Hamburger Hauptzollamtes liegt der schwarz erwirtschaftete Umsatzanteil im Taxigewerbe zwischen fünfzig und siebzig Prozent. Wolfgang Klauer, Leiter der Sonderkommission gegen illegale Beschäftigung, meint, Fahrer und Taxiunternehmen machten gemeinsame Sache. Es sei gängige Praxis, Vollarbeitsplätze als 630-Mark-Jobs anzugeben und den Arbeitslosen, die ohne Steuerkarte fahren, den ihnen zustehenden Teil des Umsatzes bar auszuzahlen. Dieses Vorgehen, so Klauer, dürfte in ganz Deutschland üblich sein.

Vom Schwinden der Solidarität

Schwarzarbeit schädigt aber die Gemeinschaft unmittelbar und stellt den solidarischen Wohlfahrtsstaat in Frage, der sich aus zwei Tugenden nährt: der sozialen Gerechtigkeit und der Solidarität. Der Begriff Solidarität bewirkt heute bei vielen eher eine Abwehrreaktion als Zustimmung. Denn wer in der ehemaligen DDR vierzig Jahre lang unter diesem Motto gezwungen wurde, ein System anzuerkennen, das eben nicht auf Solidarität, sondern auf Repression beruhte, der wird, sobald er das Wort hört, auf der Stelle taub. Solidarität mit der Arbeiterklasse, Solidarität mit der Sowjetunion, Solidarität mit Kuba …

Auch in der westlichen Hälfte der Bundesrepublik verkam der Begriff zum Schlagwort. Das ging so weit, dass Funktionäre der Gewerkschaft (in heimlicher »Solidarität« mit den Arbeitgebern) mit dem Druck der Solidarität jahrelang die Aufhebung der Ladenschlusszeiten verhinderten. Arbeiter und Angestellte dürfen nicht tun, was die Gewerkschaft nicht will, weil das offenbar die Solidarität sprengen würde. Statt Solidarität wird inzwischen dort, wo es angebracht ist, zunehmend von Solidargemeinschaft gesprochen, um das entleerte Wort Solidarität durch einen Begriff neuen Inhalts zu ersetzen, was auch bitter notwendig ist, es sei denn, man reinigte das Wort von dem belastenden Beiwerk.

Dabei spielt die Tugend mit dem Namen Solidarität erst seit knapp hundertfünfzig Jahren eine prägende Rolle. Über die Jahrhunderte, über die Jahrtausende gar hat sich dieser ethische Wert immer wieder verändert, dem Wandel der Gesellschaften angepasst und dabei auch seinen Namen gewechselt. Aristoteles sprach einst vom Wohlwollen, womit er die Einstellung gegenüber dem Mitmenschen meinte, aus der heraus das Gute getan wird: für den anderen um des Guten willen. Aristoteles beschränkte diese sittliche Handlung, bei der nicht nach dem Maß der Zuwendung gefragt wird, auf den Bereich der Freunde. Für einen Wohltäter ist »seine Handlung schön, und so freut er sich an dem, woran seine Handlung ist«[6].

Die Tugend, die den Menschen veranlasst, aus Uneigennützigkeit zu helfen (wobei es keine Einschränkung bedeutet, wenn er sich durch die Tat besser fühlt), erhielt viele Bezeichnungen. Güte, Großherzigkeit, Barmherzigkeit, Caritas wurde sie genannt, und stets bestand zwischen dem Gebenden und dem Empfangenden eine Beziehung, die zwar insofern altruistisch, selbstlos war, als der Barmherzige seine eigenen Interessen zugunsten des Empfangenden zurückstellte, aber auch, so meinen viele Ethiker, nicht frei von Selbstinteresse –

und sei es das der Zufriedenheit. Die moralische Pflicht, wohltätig zu sein, endet, wenn der Empfangende gegenüber dem Großherzigen boshaft ist, ihn beleidigt oder gar in seinen Rechten verletzt.

Die Französische Revolution hob die drei Werte »Freiheit, Gleichheit, Brüderlichkeit« hervor, von denen sicherlich die beiden ersten stärkeres Gewicht erhielten als der dritte. Die Brüderlichkeit ist die Weiterentwicklung des Wohlwollens. Doch mit ihr fordert die Ethik vom Einzelnen nicht mehr die Hilfe für den Schwachen, sondern das Einstehen aller für ihre eigene Gruppe, Gemeinschaft oder Gesellschaft. Nichts anderes bedeutet Solidarität. Diese Idee hat sich bewährt und in manchen Gesellschaften dazu geführt, dass Menschen in Not Hilfe erhalten. Die Sozialversicherung basiert auf diesem Gedanken.

Die Solidarität geht von einer Gemeinschaft aus. Dies ist gut, solange der Einzelne ein Gefühl für diese Gemeinschaft und eine Beziehung zu ihr hat. Die Individualisierung der Gesellschaft hat diese innere Verbundenheit jedoch abklingen lassen. Der Einzelne meint heute, er zahle an den anonymen Staat für Leistungen, die ihm zustehen. Da aber zwischen Bürger und Staat eine große Kluft entstanden ist, hat das zahlende Individuum das Gefühl, sein Geld komme nicht ihm selbst zugute und er müsse zusehen, wie er mindestens so viel, wie er eingezahlt hat, auch wieder herausbekommt. Das aber widerspricht dem Sinn der Solidarität.

Das Verständnis für die Gemeinschaft ist geschwunden und damit auch das für Solidarität. Weil die Deutschen immer noch nicht gelernt haben, was eine Bürgergesellschaft ist, sind sie der Ansicht, sie lebten in einer Staatsgesellschaft, die über der Gemeinschaft der ohnmächtigen Bürger steht. Und Politiker haben – um Wahlen zu gewinnen – den Bürgern immer wieder versprochen, ihnen alle lästige Verantwortung für ihr Leben abzunehmen. Damit hat sich die vertikale Abhängigkeitsstruktur immer stärker ausgeprägt, während die horizontale Zuwendung weitgehend abgestorben ist. In der Vertikalen unten stehend, sieht sich der Einzelne als Empfänger der Wohltaten von oben, vom Staat.

Horizontal ist man auf die Hilfe der sich auf gleicher Ebene befindenden Nächsten, der Familie, der Freunde, der Nachbarn, der Dorfgemeinschaft angewiesen. Und wenn Not herrscht, dann erlebt man in Deutschland ein Maß an Hilfsbereitschaft, die lobenswert ist. Die Spendenbereitschaft der Deutschen bei Katastrophen wird international gerühmt. Doch die horizontale Solidarität ist zwar menschennah, aber nicht so sicher, weil sie auf Freiwilligkeit beruht.

Dagegen ist die vertikale Solidarität anonym, aber verlässlich, da sie auf staatlichem Recht basiert. Wenn der Staat jedoch das Leben des Bürgers vollends versichert, dann verliert die Gemeinschaft einen wesentlichen Teil ihres Sinns. Die Notwendigkeit, Verantwortung zu tragen, schwindet, und damit kann und darf sich das Individuum immer mehr aus der Gemeinschaft entfernen, denn es benötigt die (häufig als lästig empfundenen) sozialen Abhängigkeiten, wie man inzwischen etwa die Beziehung von Familienmitgliedern untereinander nennt, nicht mehr. Kinder brauchen die Eltern im Alter nicht mehr zu versorgen. Angehörige, die in Not geraten sind, werden vom Staat und nicht von der Familie aufgefangen: Soziale Einrichtungen, so wird politisch mit dem Wert Freiheit argumentiert, mache sie unabhängig von familiären Zwängen, die unzumutbar seien. Damit hoffen Politiker, die überzeugten Individualisten für sich zu gewinnen, doch sie zerstören auf diese Weise das Gemeinschaftsgefühl, weil jegliches Eigeninteresse verdrängt wird, und sei es auch nur das befriedigende Gefühl zu helfen.

»Sozialmissbrauch ist Volkssport geworden«

Die staatliche Solidarität verliert an moralischer Anerkennung, da der Einzelne nicht mehr das Gefühl hat, sein Sozialbeitrag erreiche auch wirklich diejenigen, die Solidarität benötigen. Tatsächlich ist der Sozialhaushalt inzwischen zu einem der Haushaltstitel verkommen, an dem sich auch viele derjenigen bedienen, die nur ihre Begehrlichkeit befriedigen wollen und keine Verantwortung gegenüber der Gemeinschaft verspüren. Und so werden Milliarden Euro an Steuergeldern aus der staatlichen Solidarkasse an Betrüger gezahlt.

Eine der staatlichen Solidarmaßnahmen heißt Arbeitsbeschaffungsmaßnahme, abgekürzt ABM. Natürlich ist es sinnvoll, Arbeitslose wieder an das Arbeitsleben heranzuführen, doch ein großer Teil der ABM dient den jeweiligen Regierungen in erster Linie dazu, die Arbeitslosenzahlen besonders zu Wahlzeiten zu senken; denn in ABM untergebrachte Arbeitslose zählen als Arbeitende. Besonders in den ostdeutschen Bundesländern haben Behörden Milliarden von Euro für sinnlose ABM als Tarnung von Arbeitslosigkeit verschwendet. Seit der Wende im Jahr 1990 sind mehr als 5,5 Millionen Menschen mit ABM im Osten gefördert worden. Die Gelder kommen aus verschiedenen Töpfen, vom Arbeitsamt, von den Kommunen und Ländern, von Bund und Europäischer Union. Fast hundert Milliarden Euro wurden dort ausgegeben, und viele Millionen davon flossen in die Taschen von begehrlichen Betrügern.

»Der zweite Arbeitsmarkt ist ein Selbstbedienungsladen für ABM-Firmen, die Einladung zum Tanz«, so zitiert der *stern* in einer Reportage über ABM-Betrug den Oberstaatsanwalt Wolfram Klein, in Magdeburg zuständig für Wirtschaftskriminalität.[7] Klein kennt ungezählte Fälle von Bereicherung. Häufig arbeiten Lokalpolitiker und Unternehmer zusammen. Sie schaffen ein Geflecht aus Unternehmen und Subunternehmen, die sich gegenseitig Rechnungen ausstellen, und diese werden dann vom Arbeitsamt bezahlt. Denn die Beamten schauen sich die Unterlagen nur ungenau an. Selbst für ein Projekt, bei dem es um fünfzig Millionen ging, reichte eine einzige handschriftliche Notiz als »formal richtiger Antrag«.

In Wolmirstedt in Sachsen-Anhalt ermittelt die Staatsanwaltschaft gegen den Landrat Thomas Webel, auch stellvertretender CDU-Landesvorsitzender. Er und Bodo Karcher aus Niedersachsen gründeten Anfang der neunziger Jahre einen ABM-Verein. Karcher stellte seinem Kompagnon achtundvierzig Scheinrechnungen aus, die Webel als Landrat beglich. Allein dadurch wurde das Arbeitsamt um eine halbe Million Mark geprellt. Doch Karcher machte einen Umsatz von fünfzig Millionen Mark, von denen einige Millionen fehlen, und er ist inzwischen untergetaucht. Auch Karcher hatte mehrere Firmen, die er miteinander verflocht. So erhielt seine Baufirma mit Schmiergeldern offenbar einen Auftrag beim Bau des Magdeburger Finanzamtes. Die Leute, die bei seinem ABM-Verein untergebracht waren, fuhr er morgens mit einem Bus nach Magdeburg, unterwegs wurden allerdings über die Kennzeichnung des Busses als Gefährt des ABM-Vereins Schilder mit der Bezeichnung der Baufirma Karcher geklebt. So konnte Karcher doppelt kassieren. In Wolmirstedt sprach sich das zwielichtige Geschäft bald herum, nur das Arbeitsamt erfuhr anscheinend nichts davon. Erst als die Staatsanwaltschaft auf die Zahlung von Schmiergeldern stieß, kam auch der ABM-Betrug ans Licht.

Und so wie Karcher Geld aus dem Solidartopf zog, machen es viele. In Stendal ermittelt der Staatsanwalt gegen eine ABM-Firma, weil der Geschäftsführer in zweiundsiebzig Fällen ABM-Leute in seinen privaten Unternehmen eingesetzt hat, in Wernigerode soll sich der Schaden auf 1,8 Millionen Mark belaufen. Dem Geschäftsführer des Leipziger »Betriebs für Beschäftigung«, der mit sechstausend Beschäftigten der größte Arbeitgeber Sachsens ist, wird vorgeworfen, einem Vertragspartner überteuerte Rechnungen bezahlt zu haben. Im Gegengeschäft baute der für 800000 Mark am Privathaus des ABM-Geschäftsführers. Sie alle handeln aus Begehrlichkeit, und kein Unrechtsbewusstsein plagt sie.

»Es gibt kein Recht auf Faulheit in unserer Gesellschaft«, erklärte Bundeskanzler Gerhard Schröder im April 2001 und fügte hinzu: »Wer arbeitsfähig ist, aber einen zumutbaren Job ablehnt, dem kann die Unterstützung gekürzt werden.« Damit traf Schröder den Nerv der Gesellschaft, aber er spaltete sie gleichzeitig in zwei Lager: Die einen pflichteten ihm bei, die anderen lehnten seine Forderung aus populistischen Gründen ab. Denn sie fürchten um ihre Macht und Pfründen. Das solidarische Wohlfahrtswesen gehört zur Ausrüstung moderner Demokratien, doch dabei ist »eine gefährliche Verschiebung der Balance zwischen Bürger und Machtkartellen eingetreten«, schreibt Professor Manfred Lahnstein, ehemals Finanzminister unter Helmut Schmidt. »Das Argument des wirklichen Schutzes der Schwachen und Besitzlosen ist dabei immer mehr in den Hintergrund gerückt. Stattdessen machen heute Begriffe wie ›Vollkasko-Mentalität‹ die Runde.«[8]

In den fünfzig Jahren Bundesrepublik ist der Sozialbereich zum wichtigsten Haushaltstitel angewachsen, alle Ausgaben der öffentlichen Hand und der Versicherungsträger für soziale Sicherung machen inzwischen mehr als 35 Prozent des Staatsbudgets aus. Dadurch kommen Hunderte von Milliarden Euro jährlich zusammen, die verwaltet – und dann erst verteilt werden müssen. Und um solch eine große Menge Geldes zu handhaben, wachsen ungeheuere Bürokratien empor.

Professor Manfred Lahnstein bietet eine Wette an: Niemand, so schreibt er, habe in Deutschland einen exakten Überblick über all die Einrichtungen, die sich des sozialen Wohls der Bevölkerung »annehmen«. Die Vertreter dieser Institutionen haben ein Eigeninteresse daran, ihre »Kunden« zu verteidigen. Denn als indirekte Folge befürchten sie eine Abnahme ihrer Budgets und damit einen Verlust von Macht.

Wenn eine so wichtige Person wie der Bundeskanzler das Anspruchsdenken kritisiert, ist dies ein Hinweis, dass unmittelbare Gefahr droht. Nun kann man Schröder, der aus besonders einfachen Verhältnissen stammt, nicht vorwerfen, er wolle den Sozialstaat ungerecht und unsolidarisch abbauen. Ihm ging es darum, an die Grundzüge der Solidarität zu erinnern, wonach Hilfe nur erhalten soll, wer sie benötigt. Dennoch haben Parteien und öffentliche Meinung ihn nicht unterstützt. Denn dieser Bereich der Gesellschaft gilt als Tabu. Selbst konservative Parteien haben sich nie getraut, korrigierend einzugreifen, da sich heute Wahlen in der Massendemokratie nicht mehr gegen die Empfänger sozialer Leistungen gewinnen lassen, denn vom Sozialstaat profitieren inzwischen nicht nur die Bedürftigen, sondern die sozialen Leistungen erreichen auch die Mittelschichten – und werden dort begehrlich erwartet. Wahlen, das haben die Parteizentralen inzwischen längst internalisiert, können aber nur noch durch die Wechselwähler in der breiten Mitte gewonnen werden. So erstaunt es auch nicht, dass in der Bundesrepublik noch nie genaue Zahlen über den Sozialmissbrauch zusammengetragen worden sind und dass niemand dieses Phänomen bisher untersucht hat.

In keiner großen deutschen Tageszeitung wurde Schröders Aufruf gegen die Faulheit ausschließlich sachlich behandelt. Dagegen brachte die *International Herald Tribune*, frei von politischen Emotionen gegen den sozialdemokratischen Kanzler und auch frei von Sozialtabus, auf ihrer Titelseite die Geschichte groß, verbunden mit einer Landkarte Deutschlands, auf der für die deutsche »Sozialmafia« (so *Der Spiegel* in einer Titelgeschichte 1998) »unangenehme« Vergleichszahlen abgedruckt waren. Verglichen wurden die Zahlen der offenen Stellen und der Arbeitslosen. Hamburg: 72021 Arbeitslose, 11242 offene Stellen; Berlin: 274525 Arbeitslose, 7092 offene Stellen; Frankfurt: 36018 Arbeitslose, 12522 offene Stellen ... Und dann fragt sich der Journalist John Schmid von der *Tribune*, weshalb es bei der hohen Arbeitslosigkeit unmöglich sei, 1,5 Millionen offene Stellen nicht zu besetzen.[9]

Die Hälfte der ausgeschriebenen Jobs sind für Geringqualifizierte ausgeschrieben, könnten also ohne Problem von den meisten Arbeitslosen erledigt werden. Es fehlen in allen Branchen Arbeitnehmer, achtzigtausend allein im Restaurant- und Hotelgewerbe, wo man in Deutschland aus Arbeitskräftemangel fast nur noch Ausländer beschäftigt. Als Entschuldigung wird angeführt, die Sozialleistungen machten die Arbeit unattraktiv. Dahinter versteckt sich eine falsche Vorstellung von Solidarität; denn sie besteht aus Rechten und Pflichten. So urwüchsig denkt aber kaum noch jemand im Wohlfahrtsstaat.

Niemand weiß heute, wie viele Arbeitslose zu Unrecht staatliche Hilfen in Anspruch nehmen, doch hinter vorgehaltener Hand spricht man in der Bundesanstalt von einer immensen »Grauzone«, und Arbeitsvermittler schätzen, dass sich rund ein Drittel aller Arbeitslosen, also etwa 1,2 Millionen

Menschen, in ihrer staatlich alimentierten Beschäftigungslosigkeit eingerichtet haben. In jedem Wirtschaftsbereich kann man die Klagen hören, die Arbeitsämter vermittelten keine Arbeitskräfte: In manchen Städten Deutschlands ist es praktisch unmöglich, Büropersonal zu finden, außer in den östlichen Bundesländern melden sich auch keine deutschen Bauarbeiter auf Ausschreibungen.

Nur wenige staatliche Stellen gehen gegen den Sozialmissbrauch vor. Der Landkreis Schmalkalden/Meiningen in Thüringen beschloss, zwei Revisoren einzustellen, die innerhalb von zwei Jahren 850 Fälle von Missbrauch allein in diesem Landkreis aufdeckten, der Gemeinschaft zwei Millionen Mark einsparten und damit bewirkten, dass die Quote der Sozialhilfeempfänger auf 8,3 pro eintausend Einwohner sank, zum Teil halb so viel wie in benachbarten Kreisen, die keine Überprüfungen durchführen.

»Sozialmissbrauch ist mittlerweile Volkssport und in den letzten Jahren immer größer geworden«, erklärt Lothar Büttner, Abteilungsleiter für Gesundheit, Jugend und Soziales beim Landkreis Schmalkalden/Meiningen: »Falsch ist die Annahme, nur die unteren Bevölkerungsschichten betrügen. Sozialmissbrauch zieht sich mittlerweile durch alle Schichten. Erschreckend ist die hohe kriminelle Energie, die oft hinter den Aktionen steckt.«[10] So hätten ein wohlhabender Richter und eine Juristin, die aus dem Westen in diesen Landkreis gezogen seien, den Staat über Jahre hinweg unabhängig voneinander »mit hoher krimineller Energie« betrogen, teilweise Sozialhilfe bezogen und lukrative Nebeneinkünfte verschwiegen.

In der Regel scheuen sich Stadtverwaltungen oder andere öffentliche Stellen, Betrugsdelikte im Bereich der Sozialleistungen vor Gericht zu bringen, weil sie es politisch nicht für opportun halten. Die Stadt, so berichtet eine Bezirksamtsleiterin, befürchtet eine kritische Berichterstattung in den Medien und dadurch eine negative Einstellung der Bevölkerung gegenüber Entscheidungen und Vorgehensweisen der jeweiligen Institution.[11]

Besonders ungern wird in Deutschland über das Problem des Sozialbetrugs durch Ausländer gesprochen, denn das gilt als politisch nicht korrekt, da es als Rassismus oder Ausländerfeindlichkeit ausgelegt werden könnte. Doch es ist bekannt, so schreibt der Politikwissenschaftler Bassam Tibi, »zu viele Ausländer missbrauchen das Asylrecht«. Obwohl Ausländer nur sieben Prozent der Bevölkerung ausmachen, beträgt ihr Anteil an den Sozialhilfeempfängern 23,3 Prozent (1998) mit steigender Tendenz. Während manch ein Bedürftiger sich schämt, zum Sozialamt zu gehen, kennen viele Ausländer alle Schliche und Wege. Vom Geld des Sozialamtes leben sie nicht schlecht, und der zusätzliche Verdienst auf dem schwarzen Arbeitsmarkt dient als Investition in der Heimat. »Für integrierte Ausländer ist das ein Ärgernis«, meint Professor Tibi, »weil der Anstieg der Sozialhilfeempfänger unter den Zuwanderern die Fremdenfeindlichkeit intensiviert. Die integrierten und erwerbstätigen Ausländer, die dieses Land mit aufgebaut haben, mögen nicht mit diesen in einen Topf geworfen werden.«[12]

Nur wenn die geordneten Bahnen eingehalten werden, scheinen Behörden und Politik sozial zu handeln. Entstehen hingegen tatsächliche Bedürfnisse, die ein flexibles Verhalten fordern, dann geschieht nichts. Behördliches Verhalten erscheint in manchen Fällen dem normalen Bürger völlig unverständlich. So werden junge Leute, die sich um Asyl bewerben, beim Drogenhandel von der Polizei festgenommen, aber sofort wieder auf freien Fuß gesetzt, während andere staatliche Stellen Frauen, die aus Osteuropa nach Deutschland vermittelt werden, um alte Menschen zu pflegen, unverzüglich ausweisen, obwohl auf dem deutschen Arbeitsmarkt Pflege- oder Haushaltskräfte rar und teuer sind. »Es besteht aus unserer Kenntnis kein Bedarf«, erklärte Reiner Schlatt vom Bundesarbeitsministerium, »zusätzliche Arbeitskräfte aus dem Ausland anzuwerben.«

Das sieht Jürgen Lilischkies vom Paritätischen Wohlfahrtsverband ganz anders: »Es gibt keine deutschen oder ausreichend deutsche Hilfskräfte, die in diesem Bereich unter den Bedingungen, die die ambulanten Dienste ermöglichen können, für einen Arbeitnehmer arbeiten würden.«[13] Sozialpolitik muss in Deutschland neu organisiert werden. Und dazu ist es sinnvoll, sich wieder an die Quellen von Gerechtigkeit und Solidarität als ethische Werte zu begeben.

Solidarität bedeutet, dass die großen Lebensrisiken der Menschen abgesichert werden, seien es Krankheit und Alter, Erwerbsunfähigkeit oder Arbeitslosigkeit. Aber nur der wirklich Bedürftige hat Anspruch auf Hilfe, und er ist verpflichtet, der Gesellschaft, von der er etwas erhält, auch etwas zurückzugeben. Zunächst hat jedoch jeder Bürger Verantwortung für sich selbst zu übernehmen, um nicht in Not zu geraten. Passiert ihm dies dennoch, hat er die Pflicht, alles zu tun, um aus dieser Notlage wieder herauszufinden. Und der Staat muss um der Gerechtigkeit willen alles tun, um Armut zu verhindern und das Überleben in dieser Welt zu sichern. Das bedeutet in erster Linie höchstmögliche Ausbildungsstandards für alle. Denn ohne hinreichende Bildung kann niemand in den modernen Demokratien überleben.[14]

Lieber fünf Prozent Inflation als fünf Prozent Arbeitslosigkeit, hat Helmut Schmidt einmal gesagt. Das war, bevor er Kanzler wurde, und heute wird er sicherlich nicht gern an diesen Satz erinnert. Wirtschaftspolitisch mag er tatsächlich unklug sein. Aber er sagt aus, was vor dreißig Jahren der größere Wert war: nicht Prosperität , sondern das Recht auf einen Arbeitsplatz, mit dem für jeden Menschen auch das Gefühl der Vollwertigkeit verbunden ist. Viele Arbeitslose leiden unter dem Verlust ihrer beruflichen Tätigkeit und verfallen sogar in Depressionen, weil sie für sich keine Zukunftsperspektive sehen. Doch in der Gesellschaft verharren alle – auch die Gewerkschaften – so sehr auf ihren Positionen der Begehrlichkeit, dass niemand bereit ist, die entscheidenden Veränderungen vorzunehmen, die vielen Arbeitslosen aus ihrer Not helfen würden. Als das Autounternehmen VW fünftausend Arbeitsplätze für Arbeitslose schaffen wollte und jedem fünftausend Mark Lohn anbot, meldeten sich zehntausend Menschen, doch die IG-Metall hat das Projekt bekämpft mit der Begründung, die Besitzstände müssten gewahrt werden, nämlich die Flächentarife. Die Gewerkschaften empfinden die Arbeitslosigkeit inzwischen eher als eine Bedrohung. Aber in einer Gesellschaft, in der Arbeitslose keine Stimme und keinen Schutz mehr erhalten, sind Gerechtigkeit und Solidarität als ethische Werte nur noch wenig wert.

Kapitel 9

Moralische Selbstbestimmung
Über die Vermittlung von Werten

Vorbilder

Am 27. September 1998, kurz vor der Schließung der Wahllokale (Gerhard Schröder löste Helmut Kohl ab), beendete der ehemalige Bundeskanzler Helmut Schmidt das Manuskript zu seinem Buch »Auf der Suche nach einer öffentlichen Moral«, und er nennt es eine Streitschrift »für die Sache des Gemeinwohls«. Die Bürger der Bundesrepublik, schreibt er, haben »viele Rechte, das Grundgesetz hat sie aufgezählt und garantiert. Jedermann darf und soll seinem persönlichen Wohl nachgehen und sein eigenes Glück suchen. Aber jeder von uns trägt Verantwortung auch für andere und auch für das Ganze. Daraus ergeben sich Pflichten. Diese Pflichten stehen nicht im Gesetz.«[1]

Als Ehrenvorsitzender des »Inter Action Council«, eines Zusammenschlusses von sechsundzwanzig bedeutenden ehemaligen Staats- und Regierungschefs, legte Schmidt im Anhang seines Buches eine *Allgemeine Erklärung der Menschenpflichten* vor, die am 1. September 1997 dem Generalsekretär der Vereinten Nationen, Kofi Annan, zugestellt worden war. Zu den Unterzeichnern dieser Erklärung gehören Politiker wie Jimmy Carter, Valéry Giscard d'Estaing, Michail Gorbatschow, Kenneth Kaunda, Lee Kuan Yew, Shimon Peres und Pierre Elliot Trudeau.

Unter der Überschrift *»Fundamentale Prinzipien für Humanität«* steht in Artikel 4: »Alle Menschen, begabt mit Vernunft und Gewissen, müssen im Geist der Solidarität Verantwortung übernehmen gegenüber jedem und allen, Familien und Gemeinschaften, Rassen, Nationen und Religionen: *Was du nicht willst, das man dir tu, das füg auch keinem andern zu.*« Alle Politiker, die an diesen Prinzipien mitgearbeitet haben, sind in ihren Ländern Vorbilder. Und Menschen, selbst wenn sie begabt sind mit Vernunft und Gewissen, benötigen Vorbilder, denn Werte und Tugenden werden meist nicht theoretisch wie Mathematik oder Latein erlernt, sondern durch Erfahrungen, durch Erleben, durch eigenes Handeln, durch Bestätigung und Versagen – und in erster Linie auch durch die Ausrichtung an Vorbildern. Doch wer ist heute noch Vorbild?

Es verwundert nicht, dass das Ansehen von Politikern, von Wirtschaftsführern, aber auch von Kirchenleuten, Ärzten und Juristen, von Wissenschaftlern und Medienleuten in der Zeit der Begehrlichkeit so stark gesunken ist, dass kaum noch einer als Vorbild gilt, als eine integere Persönlichkeit, die sich für das Gemeinwohl des Landes und seiner Menschen einsetzt, der Prinzipientreue und Opferbereitschaft beweist. »Ohne Erziehung zu Opferbereitschaft und Dienstgesinnung für das Gemeinwohl wären Eliten am Ende tatsächlich so, wie ihre ideologischen Gegner sie so gerne hinstellen möchten: von unerträglicher Arroganz und Rücksichtslosigkeit geprägt«, meint Hubert Markl, Präsident der Max-Planck-Gesellschaft.[2]

Jeder kann ein Vorbild sein, eine Mutter, ein Vater, ein Schreinermeister, ein Lehrer, ein Unternehmer, ein Schriftsteller, ein Journalist, ein Pfarrer oder gar ein Politiker. Nicht nur junge Menschen richten sich nach Vorbildern, sondern auch Erwachsene. Heute noch wird John F. Kennedy immer wieder als Beispiel hervorgehoben allein wegen seines vorbildlichen Satzes: »Frag nicht, was dein Land für dich tun kann, frag, was du für dein Land tun kannst.« So gab auch

Martin Luther King, der vom Traum einer gerechten Welt sprach, einen wichtigen Gedanken vor, den er in einem Brief aus dem Gefängnis von Birmingham (Alabama) schrieb: »Man kann mit Recht fragen: ›Wie ist es zu vertreten, manche Gesetze zu übertreten und andere zu befolgen?‹ Die Antwort liegt in der Tatsache begründet, dass es zwei Arten von Gesetzen gibt: gerechte und ungerechte. Man ist moralisch verpflichtet, ungerechte Gesetze nicht zu befolgen. Ungerecht ist ein vom Menschen gemachtes Gesetz, das nicht auf dem unabänderlichen und natürlichen Recht beruht. Jedes Gesetz, das die Entfaltung der Persönlichkeit behindert, ist ungerecht.«[3]

Wie sehr die Neigung nachgelassen hat, sich auf Vorbilder zu beziehen, stellte das Kölner Institut für empirische Psychologie fest. 1960 orientierten sich noch über sechzig Prozent aller Jugendlichen an Vorbildern wie Albert Schweitzer, Albert Einstein und andere. 1987 waren es nur noch sechsunddreißig Prozent, und wieder zehn Jahre später gaben nur noch zwanzig Prozent der Jugendlichen an, sich nach einem Vorbild zu richten.[4] Personen, die heute im öffentlichen Leben stehen, ahnen häufig nicht, wie wichtig ihre Position genommen wird. Als Roman Herzog zum Bundespräsidenten gewählt worden war und so manche herzhafte, aufrüttelnde Reden hielt, war er erstaunt über die öffentliche Wirkung. Er sage doch nicht anderes, wunderte er sich, als was er in den vergangenen Jahrzehnten – als Landesminister, als Präsident des Bundesverfassungsgerichts usw. – auch schon erklärt habe. Aber weil er das Amt des Bundespräsidenten innehielt, wurden seine Aussagen zu Wahrheiten. Als Doris Schröder-Köpf einige ganz normale Aussagen über die Erziehung ihrer Tochter machte, die weder revolutionär noch in irgendeiner Weise ungewöhnlich waren, entfachte sie damit eine bundesweite heilsame Diskussion. Ihre Worte erhielten Vorbildcharakter, weil sie mit dem Bundeskanzler verheiratet ist. Durch ihre Funktion erhält sie Autorität, und dieses Phänomen lässt sich auf alle Funktionseliten übertragen, ja sogar noch weiter, bis hinunter zu Lehrern und Eltern; denn auch sie verfügen über eine aus ihrer Position erwachsende Autorität.

Für alle Mitglieder einer Gesellschaft, ob alt oder jung, gilt, dass die Hinführung zur Moral durch Vorbilder am überzeugendsten wirkt. Sie prägen das Leben und geben vor, wie man sich verhält. Sicherlich können auch Reden und Predigten, Gespräche oder Auseinandersetzungen mit moralischen Fragen in Medien oder Literatur eine Rolle spielen. Doch die ständig wiederkehrenden kleinen Ereignisse des Alltags bedeuten am meisten für die Ausbildung unserer Moral. Herzogs Vorgänger, Richard von Weizsäcker, der spätestens mit seiner Rede zum 8. Mai 1985 zum Vorbild für viele Deutsche wurde, meint, die Kraft zur Erneuerung der Werte müsse letzten Endes aus den Eliten kommen. So wird den Eliten – gemeint ist damit der soziologische Begriff der Funktionseliten – abverlangt, was in Deutschland wegen der Vergangenheit des Dritten Reichs verpönt ist: Führung.

Führung bedeutet: Position zu beziehen. Das betrifft schon Eltern, die gegenüber ihren Kindern einen Fehler begehen, wenn sie stets ihre Meinung zurückhalten, statt mit ihrer Aussage Orientierung vorzugeben. Das betrifft aber umso mehr auch Lehrer und ganz besonders: Politiker. Denen fehlt allerdings allzu oft der Mut, den Bürgern Schranken zu setzen, wenn sie zum Schaden des Gemeinwohls extremem Individualismus, ihrer Begehrlichkeit oder der Lust nach Lebensästhetik nachgehen.

Gründe, das Rechte zu tun

Ob Kinder in der Erziehung gestraft werden sollen, das bezweifeln immer noch viele Deutsche. Aber es mehren sich die Stimmen der Bürger, die härtere Strafen gegen Gesetzesbrecher fordern. Im Hamburger Landtagswahlkampf trat der Richter Ronald Schill mit einer eigenen Partei auf, deren wesentliches Programm darin bestand, härtere Strafen zu fordern. Tatsächlich hat der Bürger den Eindruck, die Justiz könnte mehr für »Recht und Ordnung« tun; doch selbst wenn Richter »Gnadenlos« Schill das Sagen hätte, würde sich der Zustand der Gesellschaft kaum bessern. Denn der bürgerliche Unmut wendet sich hauptsächlich gegen jugendliche Drogendealer, die bis zu fünfzehnmal festgenommen werden müssen, ehe die Gerichte sie verurteilen. Nun handelt es sich hierbei zum größten Teil um junge Menschen, die noch unter das Jugendstrafrecht fallen und außerdem oft aus fremden Ländern nach Deutschland geschickt werden, um hier Drogen zu verkaufen. Ihre Hintermänner wissen um die rechtliche Lage.

Die Leute, die in den Kanon der Populisten einstimmen, würden sich wundern, wenn Drogendealer hinter Schloss und Riegel säßen: Der Zustand der orientierungslosen Gesellschaft, in der die Lebensästheten ihrem Individualismus frönen, in der es an Toleranz und Gerechtigkeit fehlt, in der die Begehrlichkeit quer durch alle Gesellschaftsschichten von ehemaligen Bundeskanzlern und Finanzministern über Unternehmenschefs und Chefärzte bis hin zu Sozialhilfeempfängern die Regeln der Gemeinsamkeit aus Eigennutz durchbricht, wird sich durch strengere Strafjustiz nicht ändern, denn nur in den seltensten Fällen kommen solche Verstöße gegen die ethischen Regelungen vor Gericht. Oder nehmen wir den Fall des Immobilienhändlers Jürgen Schneider, der mit betrügerischen Methoden einen Schaden von rund 1,5 Milliarden Mark verursachte und viele Handwerker und Kleinbetriebe fast in den Ruin trieb. Schneider wurde nur zu einem relativ kurzen Gefängnisaufenthalt verurteilt, und nach seiner Freilassung wurde er in der Öffentlichkeit als ein Mann bewundert, der clever war – nicht als einer, gegen den die Justiz härter vorgehen sollte. Und ein Verlag meinte, mit den Memoiren des Betrügers Gewinn erwirtschaften zu können. Der chinesische Weise Konfuzius hat schon vor zweitausendfünfhundert Jahren empfohlen, keine Strafgesetze zu erlassen, da die Menschen doch nur danach trachten würden, diese Gesetze zu umgehen. Stattdessen sollten Gewissen und Scham dafür sorgen, dass jeder die gesetzten Grenzen einhält.

Das Gewissen besteht aus zwei Komponenten: dem Wissen und dem Gefühl. Der Mensch weiß um die Normen, die er im Sinne einer unbedingten Pflicht befolgen soll. Gefühle wie Furcht, Scham, Reue oder gar Schuld verhelfen ihm zum rechten Handeln. Das gelingt nicht immer, aber dort, wo ethische Maßstäbe eine Rolle spielen, kann nur das Gewissen den Menschen lenken. Aber auch das Gewissen spielt eine geringere Rolle als die Einsicht in die Vernunft, richtig zu handeln. Also muss in einer Gesellschaft, in der die moralischen Werte an Wert verloren haben, der kategorische Imperativ wieder eingeübt werden. Der amerikanische Entwicklungspsychologe Lawrence Kohlberg hat in umfangreichen wissenschaftlichen Arbeiten untersucht, wie sich das moralische Denken auf das praktische Tun auswirkt, und er hat schließlich sechs Stufen des moralischen Urteilens ausgearbeitet, sechs Gründe, das Rechte zu tun:

1. »Vermeiden von Bestrafung und die überlegene Macht der Autoritäten.«

Dies nennt Kohlberg einen *egozentrischen Gesichtspunkt*, da der Handelnde die Interessen anderer nicht berücksichtigt oder nicht erkennt, »dass sie von den seinen verschieden sind, oder er setzt zwei verschiedene Gesichtspunkte nicht miteinander in Beziehung. Handlungen werden rein nach dem äußeren Erscheinungsbild beurteilt und nicht nach den dahinter steckenden Intentionen. Die eigene und die Perspektive der Autorität werden miteinander verwechselt.«

2. »Um die eigenen Bedürfnisse und Interessen zu befriedigen, wobei anerkannt wird, dass auch andere Menschen bestimmte Interessen haben.«

So denkt der Individualist, der seine Werte privat für sich selbst bastelt nach der Ansicht, »dass die verschiedenen individuellen Interessen miteinander im Konflikt liegen, sodass Gerechtigkeit relativ ist«.

3. »Erstens: das Verlangen, in den eigenen Augen und denen anderer Menschen als ›guter Kerl‹ zu erscheinen; zweitens: die Zuneigung zu anderen; drittens: der Glaube an die ›Goldene Regel‹; viertens: der Wunsch, die Regeln und die Autorität zu erhalten, die ein stereotypes ›gutes‹ Verhalten rechtfertigen.«

So sieht es ein Individuum, das sich in Beziehung zu anderen Individuen weiß. Der Handelnde ist sich bewusst, dass gemeinsame Gefühle, Übereinkünfte und Erwartungen den Vorrang vor individuellen Interessen haben, und nach der

Goldenen Regel, die besagt, man solle niemandem antun, was man selbst nicht erleiden möchte, nimmt er die unterschiedlichen Standpunkte wahr, indem er sich in die Lage des jeweils anderen versetzt. Er stellt sein Handeln aber nicht in den Rahmen des Gesellschaftsvertrags.

4. »Um das Funktionieren der Institutionen zu gewährleisten, um einen Zusammenbruch des Systems zu vermeiden, ›wenn jeder es täte‹, oder um dem Gewissen Genüge zu tun, das an die selbst übernommenen Verpflichtungen mahnt.«

Hier spielt zum ersten Mal das Gewissen eine Rolle. Der Handelnde unterscheidet zwischen der Gesellschaft, die die Regeln festlegt, und den einzelnen Individuen.

5. »Ein Gefühl der Verpflichtung gegenüber dem Gesetz aufgrund der im Gesellschaftsvertrag niedergelegten Vereinbarung … und ein Interesse daran, dass Rechte und Pflichten gemäß der rationalen Kalkulation eines Gesamtnutzens verteilt werden nach der Devise ›Der größtmögliche Nutzen für die größtmögliche Zahl‹.«

Der Handelnde stellt die gesellschaftliche Nützlichkeit und die individuellen Rechte auf eine gleiche Stufe und sieht Schwierigkeiten, die sich daraus ergebenden Widersprüche zu überwinden.

6. »Der Glaube einer rationalen Person an die Gültigkeit universaler moralischer Prinzipien und ein Gefühl persönlicher Verpflichtung ihnen gegenüber.«

Erst hier sieht Kohlberg die Stufe der universalen ethischen Prinzipien erreicht. Der Handelnde folgt der Perspektive eines »moralischen Standpunktes«, von dem aus sich gesellschaftliche Ordnungen herleiten. Es ist dies die Sicht einer jeden rationalen Person, die das Wesen der Moralität anerkennt und akzeptiert, dass jeder Mensch seinen Zweck in sich selbst trägt und entsprechend behandelt werden muss.[5]

Den sechsten Grund, das Richtige zu tun, erreicht man einfacher, als es klingt: Der junge Umweltbewusste, der die ausgetrunkenen Flaschen in den Glascontainer wirft, weil dies seiner Ansicht nach die einzig richtige Handlung ist, handelt nach Kohlbergs sechster Stufe – aus moralischer Erkenntnis und Einsicht. Dieses Bewusstsein wird sich nur durchsetzen, wenn ein ganzes Konzert von Maßnahmen zusammenspielt. Die erwachsenen Bürger müssen zur Einsicht gebracht werden durch die Diskussion über den Sinn ethischen Handelns, durch das Wirken der Vorbilder, zur Not aber auch durch gesellschaftlichen Druck, durch die Erinnerung an ihr Gewissen, durch das Hervorrufen von Schamgefühlen. Dies kann jedoch in einer aufgeklärten und fortgeschrittenen, von der Freiheit des Individuums geprägten Gesellschaft nur im Einklang von individueller Lebensplanung und zentraler Autorität der Gemeinschaft geschehen.

Um bei den Heranwachsenden die Einsicht in die Notwendigkeit ethischen Handelns zu verstärken, bietet sich, das sei auch hier noch einmal vorgeschlagen, die Einführung eines *sozialen Pflichtjahrs* für Mädchen und Jungen an. Dieser Gedanke verbreitet sich inzwischen in der Bundesrepublik, und Politiker wie Helmut Schmidt, Richard von Weizsäcker und auch Roland Koch treten dafür ein. In diesem sozialen Pflichtjahr würde das Individuum lernen, was der Sinn einer

Gemeinschaft ist. Der soziale Dienst könnte ein Dreivierteljahr dauern. Voraussetzung wäre jedoch, die Zeit der Ausbildung grundsätzlich zu verringern. In einigen Bundesländern beginnt die Verkürzung der Schulzeit auf zwölf Jahre, doch damit ist nicht genug getan. Die Einschulung wäre früher möglich – wie in fast allen anderen Ländern der Welt –, die Hochschulausbildung könnte in zahlreichen Fächern innerhalb von vier Jahren zu einem Abschluss führen, der den Weg ins Berufsleben eröffnet.

Damit die Jugendlichen die Gemeinschaft auch sinnlich erfahren und leichter ein Gefühl für sie entwickeln können, wäre es vernünftig, die Ausübung des sozialen Dienstes so weit wie möglich in der jeweiligen Nachbarschaft anzusiedeln, und deshalb sollte die Organisation mit so wenig Aufwand wie möglich auch in der Gemeinde oder im jeweiligen Stadtbezirk stattfinden. Den jungen Leuten sollten bei der Ausübung des Pflichtjahres zur eigenen Auswahl möglichst viele gesellschaftliche Bereiche offen stehen: neben dem reinen Sozialdienst in Pflege, Krankenhäusern, Kindergärten usw. der Umweltschutz, die Stadtpflege, die Entwicklungshilfe oder aber – die Bundeswehr. Es darf unter den Dienstarten keine Unterschiede geben, also auch keinen kürzeren Dienst für Soldaten.

Immer wieder werden Argumente wie der Arbeitsdienst im Dritten Reich oder gar das Grundgesetz gegen den sozialen Dienst angeführt, doch steht keine wirklicher Grund der Einrichtung des Pflichtjahrs entgegen, wenn es gewollt würde. Erstaunlicherweise sprechen sich junge Leute, die von dem sozialen Pflichtjahr betroffen wären, zu fast zwei Drittel für seine Einführung aus. Diejenigen, die das freiwillige soziale Jahr absolviert haben, das alle Bundesländer (allerdings in viel zu geringem Ausmaß) anbieten, bestätigen, dass sie hinterher sehr viel besser in der Lage waren, ihren Beruf auszusuchen. Nun ist die Vermittlung von Werten ein langwieriger und nie endender Prozess, der in allen Altersstufen der Bevölkerung wiederholt werden muss. Am wichtigsten ist jedoch die Verankerung der Werte in der Erziehung der Kinder und Jugendlichen, damit ethisches Handeln aus Einsicht geschieht und nicht nur aus Gewissensnot.

Die Erziehungskatastrophe

Die moralische Entwicklung beginnt schon im ersten Lebensjahr; denn in der familiären Umgebung, in der ein Kind sich geborgen fühlt, entwickelt es ein Grundgefühl der Bindung. Und so entsteht die Grundlage jeder Moral: das Bedürfnis, zur menschlichen Gemeinschaft zu gehören. In den weiteren Jahren durchlaufen Kinder, später als Jugendliche und Heranwachsende, viele Stufen der Erziehung einem Leben in der Gemeinschaft. Als Einjährige lernen sie laufen und sprechen. Auf ihren Entdeckungsreisen machen sie die ersten Erfahrungen mit *Gut* und *Schlecht*, mit *Richtig* und *Falsch* – und das durch Strafe und Lob, Eigensinn und Gehorsam. Als Zweijährige versuchen sie sich von den Eltern zu lösen und eigene Freiräume zu erkämpfen, sie wollen selber entscheiden, und dies ist eine wichtige Phase auch in der Moralentwicklung, denn moralisches Urteilen bedeutet die Fähigkeit, für sich selbst zu denken und unabhängig zu entscheiden. Mit vier beginnen sie zu fragen, weshalb etwas als *gut* oder *schlecht* beurteilt wird. Und spätestens mit sechs beginnt die Schulzeit und damit die »Erziehungskatastrophe«[6], falls sie nicht schon vorher ihren Lauf genommen hat.

Von einer Erziehungskatastrophe kann man deshalb sprechen, weil sich die kleinen Zufälle des Scheiterns, beginnend bei den Fehlern der Eltern über das Unvermögen der Schule bis hin zu den materialistischen Gruppenzwängen, zu einem großen Versagen auftürmen. »Kinder brauchen starke Eltern«, schreibt Susanne Gaschke unter den Titel ihres Buches über die Erziehungskatastrophe, in dem sie die »Ruinen von Achtundsechzig« beklagt: »Eine Erziehung, die Kinder mit Freiheiten überfordert (oder, in der Bequemlichkeitsvariante, einfach ohne pädagogische Ambitionen tun lässt, was sie wollen), ist fast sicher geeignet zu verhindern, dass sie reife Persönlichkeiten, *Charaktere* werden. Es ist der fundamentale Irrtum der antiautoritären Pädagogik, das Erziehungs*ziel*, den freien, *verantwortungsvollen* Menschen, mit dem Weg zu diesem Ziel verwechselt zu haben.«[7] Wohin die Erziehung in den letzten Jahrzehnten geführt hat, wird jeden Tag erneut beklagt: »Man hält nicht für möglich, auf welch unvorhersehbare Weise sich ein ehemals süßes Baby entwickelt«, klagt Julia, die Mutter eines vierzehnjährigen Jungen, der von ihr Essen, saubere Wäsche und Taschengeld erwartet, seine Mutter entweder ignoriert oder als »Scheißalte« oder »blöde Kuh« beschimpft.[8] »Es gibt Schüler, die lachen uns nur aus«, erzählt die Barmfelder Grundschullehrerin Sonja Sayed, die es nervt, dass die Lehrer zu Prügelknaben werden, wenn es um das niedrige Leistungsniveau Hamburger Schüler geht. Denn Lehrer können sich kaum noch durchsetzen in einem pädagogischen Klima, in dem Nachsitzen, Strafarbeiten, verbale Abstrafung verboten sind, in dem Kinder noch nicht einmal ohne Aufsicht aus der Klasse geschickt werden dürfen. Wenn ein Kind einen solchen »Übergriff« zu Hause meldet, dann eilen die Eltern aufgebracht zur Schulleitung oder gar gleich zur Schulbehörde. Und da die meisten Eltern davon träumen, ihr Kind aufs Gymnasium zu schicken, empfinden sie es als eine persönliche Beleidigung, wenn die Lehrer die schwachen Leistungen ihrer Schüler entsprechend benoten. Da wird auch eilig der Rechtsanwalt bemüht. Dass Schüler zu Problemfällen werden, liegt häufig an den Eltern, die ihren Kindern ein schlechtes Vorbild sind: Wenn es für die Urlaubsreise praktischer ist, fangen die Ferien eben eine Woche früher an. Lernen die Kinder nichts, sind die Lehrer schuld. Kein Wunder, so die Lehrerin, dass eine immer größere Zahl von Kindern ohne die Einnahme eines Medikaments namens Ritalin nicht mehr »beschulbar« sind. Nehmen sie das Beruhigungsmittel nicht, dann drehen sie durch, sind hyperaktiv, in ihrer Konzentration und Wahrnehmung gestört, aggressiv (weil sozial verunsichert), rennen ziellos durch die Klasse und stören durch Geschrei und Rangeleien die anderen Schüler: »Diese schlauen Füchse haben spitzgekriegt, dass wir Lehrer kaum noch Disziplinierungsmöglichkeiten haben. Lehrerinnen werden, wenn sie Schüler zur Ordnung rufen, von Sechs- bis Zehnjährigen als ›A...‹ beschimpft.«

Das Weltbild der Jugendlichen wird kaum noch von Eltern oder Schulen geprägt, sondern von Madonna, Jennifer Lopez, den Soap-Figuren von »Gute Zeiten, schlechte Zeiten«. Wer gut angesehen sein will, der nimmt teil an der Ästhetisierung des Daseins. Inzwischen eilen schon Vierzehnjährige zum Schönheitschirurgen, um Nase oder Busen operieren zu lassen. Auch Jungs trauen sich kaum noch, ohne Gel in den Haaren in die Schule zu gehen, wenn das von der Clique vorgelebt wird. In einer Schule haben Schüler alle Ranzen, die nicht von der »in«-Marke Scout stammten, in den Mülleimer geworfen und so dokumentiert, dass Mode nichts mit Individualität zu tun hat, sondern ein materialistischer Zwang ist. Das vermeintlich gute Aussehen ist Grundvoraussetzung; wer nicht die richtigen Schuhe trägt, ist »Aldi« oder wird beschimpft: »Du siehst aus wie eine Mülltonne.« Ausgegrenzt wird, wer die *falschen* Schuhe, das *falsche* Handy, den *falschen* Haarschnitt hat. Was *falsch* und *richtig* ist, sind nicht Fragen der ethischen Werte, sondern die Wahrheiten der Clique, die sich an den Medien orientiert.

Es ist Zeit zu handeln, hat die Lehrerin Karin Brose gesagt, weil sie mit den Schülern gar nicht mehr klar kam. »Ich dachte mir«, sagt sie, »bei der nächsten Klasse passiert was.« Karin Brose schlug den Eltern ihrer Klasse in der Sinstorf-Schule in Hamburg vor, eine Schulkleidung einzuführen. Der Schuldirektor und die Mitlehrer waren zunächst skeptisch, sprachen von Zwang und Freiheit, als stellte das Modediktat der Clique irgendwelche individuellen Entscheidungen frei. Die Eltern überlegten und entschieden sich für die von Lehrerin Brose vorgeschlagenen grünen Sweatshirts mit dem Logo der Schule auf der linken Brusthälfte. Sie wollten das Gefühl der Zugehörigkeit unter den Schülern stärken. Als diese mit den Pullis konfrontiert wurden, zierte sich die Mehrheit, aber es dauerte nicht lange, und mit leichtem Druck von Eltern und Lehrerin setzte sich die Schulkleidung durch. Heute sind die Schüler damit einverstanden. Die Klassengemeinschaft hat seitdem einen neuen Wert erhalten. Die Schülerin Melina meint: »Wir verstehen uns besser. Der Jan wollte früher immer zu den Coolsten gehören, hat's aber nicht geschafft.« Und Janina sagt: »Früher hab ich eine halbe Stunde vor dem Schrank gestanden: das eine zu klein, das andere zu groß. Aber nach dem Unterricht ist Feierabend, da ziehe ich doch keine Sachen von der Schule an.« Dadurch entsteht eine neue Tradition, die Schule von Freizeit trennt. Das grüne Sweatshirt wird zu einem Ritual, das Orientierung gibt. Lehrerin Brose meint, der Pullover als Erziehungshilfe habe geholfen, die Klasse sei ruhiger. Der Pullover lenke den

Blick ins Gesicht und auf den Charakter. Er verwische die Grenzen zwischen denen, die Modeklamotten hätten, und denen, die sie nicht trügen. So lernten die Kinder, dass Persönlichkeit nicht von Kleidung geprägt wird.

Das Beispiel von Karin Brose sollte Schule machen. Dass Schüler, die ihre Markenkleidung tragen und damit angeben wollen, gegen Schulkleidung eingestellt sind, verwundert nicht. Aber es entspricht dem Beliebigkeitsdenken einer Gesellschaft, die das Individuum zum Götzen erklärt hat, dass auch Behörden und besonders politisch Verantwortliche Angst haben, die Entscheidung für einen kollektiven Modezwang zu beschneiden. In Berlin erklären die schulpolitischen Sprecher sowohl der CDU als auch der PDS, Schuluniformen hätten in Deutschland keine Tradition und seien deshalb kaum durchsetzbar. Aus Angst, der Wähler könnte diese – für die Gemeinschaft sinnvolle – Maßnahme nicht tolerieren, da sie auf keiner »Tradition« beruhe, wird auf politische Führung verzichtet. Schließlich gibt es demokratische Wege, diese Diskussion in die Schulen und Elternbeiräte zu tragen. Parteien, die sich doch sonst so gern auf die Werte berufen, sollten dann aber auch handeln und den demokratischen Weg zur Schulkleidung unterstützen, etwa Informationen bereitstellen und die Kenntnis über Vorbilder verbreiten. Aktiv lässt sich auf demokratischem Weg eine Idee verbreiten, die sich als vorbildlich für die Erziehung erwiesen hat. Aber offenbar haben die meisten Politiker noch nicht die Erfahrung gemacht, dass es höchste Zeit ist zu handeln.

Soziales Lernen

Auch Eltern und Lehrer haben festgestellt, dass es Zeit zu handeln ist, und so haben Bundeselternrat und der Lehrerverband Bildung und Erziehung ein gemeinsames Papier unter das Motto von Immanuel Kant gestellt: »Der Mensch kann nur Mensch werden durch Erziehung.«[9] Die Lehrer stellen fest, dass die älteren Kinder und Jugendlichen grundlegende kulturelle Praktiken und Verhaltensweisen nicht mehr beherrschen. Dafür werden neben den Auswirkungen der Spaßgesellschaft, der Individualisierung und der damit zusammenhängenden Veränderungen der Familienstrukturen auch pädagogische Gründe angeführt. Zum einen werden Ganztagsschulen kaum angeboten, obwohl sie die Lage der jungen Familien, in denen etwa beide Elternteile arbeiten, verbessern könnten. Am wichtigsten scheint aber zu sein, dass Eltern immer weniger wissen, was es bedeutet, ein Kind nicht nur zu zeugen, sondern auch aufzuziehen. Sie sind völlig verunsichert, was sie ihm wie vermitteln sollen, weil sie selbst von verunsicherten Eltern aufgezogen wurden. Es ist ein typisch deutsches Phänomen, dass Eltern dazu neigen, sich weniger als Erziehungspersonen zu verstehen denn als (häufig verzweifelt schwache) Verhandlungspartner.

Erziehung vollzieht sich in Deutschland immer häufiger in Widersprüchen, weil es keine einhellige Meinung darüber gibt, welche Rechte und welche Pflichten vom Elternhaus, von der Schule, von den Mitverantwortlichen und von den Schülern selbst eingelöst werden sollen. Eltern und Lehrer, so wird auf dem Papier beschlossen, müssen sich auf gemeinsame Erziehungsziele verständigen, denn sonst – das weiß jeder Pädagoge – ist Erziehung wirkungslos. Vor jede inhaltliche Ausbildung setzt der bedeutende französische Soziologe und Pädagoge Emile Durkheim die Disziplin, die er in zwei im Bewusstsein des Kindes vorhandene Elemente unterteilt:

- die Regelmäßigkeit als Ergebnis der Zivilisation,
- die Selbstbeherrschung und Mäßigung der Wünsche.[10]

Zwar führen Kinder ihre Tätigkeiten ganz und gar ungeregelt aus, doch wie wichtig ihnen Regelmäßigkeit ist, daran erinnert sich sofort jeder Erwachsene, der Kindern regelmäßig Märchen oder Geschichten vorgelesen hat. Kinder haben Lieblingsgeschichten, die sie jeden Abend hören können, und wenn ein ungeduldiger Erwachsener die Geschichte ein wenig abkürzen will, dann ertönt lauter Protest: Aber jetzt kommt doch erst einmal der Wolf und sagt ...! Zur Mäßigung kann man ein Kind leicht hinleiten. Alle Pädagogen gehen jedoch davon aus, dass Dressur keine Erziehung ist.

Ein Wertekonsens muss allerdings nicht nur zwischen Eltern und Lehrern bestehen, sondern auch an einer Schule unter den Lehrern. Denn rivalisierende Wertvorstellungen von Lehrern eines Kollegiums erschweren die Vermittlung moralischen Handelns. In einem falschen Verständnis antiautoritärer Erziehung schauen viele Lehrer heute weg, wenn Schüler die Grenzen überschreiten. Als A. O. ihre sechsjährige Tochter im Frankfurter Stadtteil Eschersheim aus der Grundschule abholte, standen vierzehnjährige Schüler auf dem Hof und rauchten. Die Mutter fragte daraufhin den Schulleiter, ob das erlaubt sei, und der antwortete, nein, erlaubt sei das nicht, aber es sei sinnlos, die Schüler zurechtzuweisen. Würden manche Lehrerinnen eingreifen, die anderen aber nur mit der Achsel zucken, dann sähe der Jugendliche die Strafe als Schikane an.

Es verwundert deshalb nicht, dass reiche deutsche Eltern ihre Kinder zunehmend in britische Internate schicken, weil sie dort moralische und zivilisatorische Richtlinien lernen, die in Deutschland immer seltener vermittelt werden. Wer sich das nicht leisten kann, der sucht für seine Kinder immer häufiger nach Schulen mit einem Wertekonsens im Lehrerkollegium, meidet also die staatlichen Bildungsstätten und zieht stattdessen Konfessions-, Waldorf- oder Freie Schulen vor. In Hamburg werden bereits zehn Prozent aller Grundschüler in Privatschulen unterrichtet, im gesamten Bundesgebiet hat sich die Zahl der Privatschüler in den vergangenen beiden Jahrzehnten fast verdoppelt, obwohl die Gesamtzahl der Schüler um zwei Millionen zurückgegangen ist.

Der Grund für das »disziplinlose« Verhalten der Erziehenden besteht aus zwei Elementen:

- Unverständnis für ethische Werte
- Unverständnis für Disziplin.

Ethische Werte werden als unmodern und verstaubt abgetan, Disziplin gehört angeblich in verblichene Zeiten. Beides zu behaupten ist schlicht dumm. Das sollte inzwischen jeder erfahren haben: Autoritäres Erziehen führt nicht zu einer moralischen Gesellschaft. Soziales Lernen muss eigenständig und selbstbestimmt sein.

Dies beginnt mit der Erziehung zur Disziplin, die Kinder nur lernen, wenn ihnen Grenzen gesetzt werden. Dabei gilt es zu berücksichtigen, wie der Pädagoge Peter Struck festgestellt hat, dass sich die Kinder durch Grenzen, die zu eng gezogen werden, zu Neurotikern entwickeln; werden sie zu weit oder gar nicht gesetzt oder jeden Tag ganz anders, verwahrlosen die Kinder und werden egomanisch.[11]

Grenzen setzen bedeutet auch Strafen festlegen und ausüben, wenn die festgelegten Grenzen überschritten werden. Nun liegt die Autorität einer ethischen Maßgabe nicht in der Strafe selbst, doch verhindert diese, dass die Regel ihre Autorität verliert, die die täglich begangenen Verstöße ihr nach und nach entziehen würden, bliebe sie unbestraft. Die Autorität der Strafe liegt darin, dass sie dem Kind die Regel als unverletzlich darstellt.[12]

Demokratie, Freiheit, Gleichheit, Brüderlichkeit, wie auch Toleranz, Verantwortung und Zivilcourage können nur gelernt werden, wenn es Heranwachsenden ermöglicht wird, sie auch tatsächlich zu erleben. Das bedeutet aber, dass Lehrer die Schüler ernst nehmen und sie nicht beliebig behandeln: »Direkte, partizipatorische Demokratie, die effektiven Einfluss (und nicht nur Sandkastenspiele vom Typ der uns vertrauten Schülermitverwaltung) ermöglicht, ist das Erfahrungsfeld, das aus Schülern Personen machen kann, die sich auch gesellschaftlicher Demokratie verpflichtet und sich auch gegenüber Menschen außerhalb des persönlichen Beziehungsnetzes verantwortlich fühlen.«[13] Also lernen Kinder und Jugendliche die Einsicht in ethisches Handeln nur, wenn sie die Schule schon als eine gerechte Gemeinschaft erfahren.

Nun lassen sich ethische Maßstäbe, wie gesagt, nicht wie Mathematik und Latein lernen, denn jede Situation, in der ein Mensch handelt, ist neu abzuwägen. In jeder neuen Lage stoßen verschiedene Werte aufeinander, sodass keine Formeln, keine Zehn Gebote ausreichen, um richtiges Handeln vorzugeben. Ein gutes Ziel lautet: moralische Selbstbestimmung, die es jungen Menschen erlaubt, eine Haltung einzunehmen – und damit sich selbst zu finden, wodurch auch sie einmal Vorbilder werden können.

Kapitel 10

Den Werten einen Wert geben

Nur der Bürger kann durch sein Handeln den Werten wieder einen Wert geben, denn der Staat ist kein ethisches Subjekt, sondern er stellt nur die Summe der politischen Institutionen dar, denen die Bürgergesellschaft eine Funktion überantwortet hat. Will der Bürger den Werten wieder einen Wert geben, dann muss er beim individuellen Verhalten beginnen. Dies bedingt, auch für den vom Gemeinschaftsdenken losgelösten Lebensästheten, auf jeden Fall zunächst einmal, dass der Mensch seine eigene Identität findet. Doch so manch ein Heranwachsender hat Schwierigkeiten, seine Identität zu formen, was weniger an ihm liegt als vielmehr an der Orientierungslosigkeit der Gemeinschaft, in der er aufwächst. Das hat konkrete Auswirkungen, denn auch von Jugendlichen ausgeübte rechtsextreme Gewalt lässt sich besonders auf Identitätsprobleme zurückführen.

Da die Gemeinschaft eine zentrale Rolle im Bereich des ethischen Handelns spielt, ist die Akzeptanz des »Gesellschaftsvertrags« Voraussetzung für ein »gelungenes Leben« – wie Philosophen das Streben nach einer moralischen Gesellschaft nennen. Nur wer sich zu der Gruppe bekennt, in der er lebt, wird sich ihr gegenüber verpflichtet fühlen und einen Gemeinsinn entwickeln. Dies führt zu der Notwendigkeit, die Anerkennung der kollektiven Identität zu pflegen. Für die Erziehung bedeutet es die kritische Vermittlung der Geschichte. Und im Alltag bedeutet es die Vermittlung der Kultur. Denn über sie finden wir zu uns. Spätestens dort bemerken selbst die größten Kritiker der Nation, dass es Identitätsunterschiede gibt: In Frankreich spielt jedes klassische Theater Corneille und Racine, in Deutschland kaum eines. Hier schaut man stattdessen auf Goethe, Schiller, Kleist oder Lessing ... In der modernen Medienwelt lassen sich Artikel aus *Geo-France* nicht in das deutsche *GEO* übertragen, während deutsche Filmkomödien in Frankreich befremdetes Kopfschütteln hervorrufen. Aus der Akzeptanz der nationalen Identität lässt sich individuell Kraft ziehen. Denn so erhält man nicht nur eine Vorstellung vom Zustand der Gemeinschaft, zu der man gehört, sondern man leidet auch an ihren Fehlern und kann daran seine eigenen Vorstellungen vom Wirken ethischer Werte kritisch messen.

Wer mit dem inneren Zustand von Gesellschaft und Staat unzufrieden ist, der muss handeln. Dazu benötigt er vielleicht Mut, was eine Tugend ist, die man auch Zivilcourage nennt, vor allem aber bedarf es als Erstes einer Überwindung und dann einer Kraftanstrengung. Der Bürger muss wissen, dass er ein ethisches Subjekt ist, im Gegensatz, wie gesagt, zum Staat. Nun kann der Bürger allein im Staat wenig bewegen, aber jede Stimme zählt im öffentlichen Konzert, nicht nur bei einer Wahl. Geht es um die Wirkung einer großen Masse, greift man – ironisch – gern auf das chinesische Volk zurück: Springt ein Chinese mal kurz hoch, geschieht nichts. Wenn aber von den zwei Milliarden Chinesen auch nur jeder zweite im gleichen Moment hochspringt und gleichzeitig mit den anderen wieder landet, dann bebt die Erde. Eine große Wirkung, obwohl der kleine Sprung für jeden einzelnen Chinesen wirklich keine Mühe bedeutet.

In Deutschland haben Bürger, die mit den etablierten Parteien und ihrer Politik nicht zufrieden waren, bei Wahlen einiges bewirkt, indem sie sich zu neuen Gruppierungen zusammenschlossen. Die Partei der Grünen ging aus Bürgern hervor, die von der Gesellschaft eine größere Verantwortung für die Umwelt erwarteten. In Landtags- oder gar Kommunalwahlen haben neue Listen immer wieder die etablierten Parteien zur Korrektur gezwungen, sei es die Schill-Partei in Hamburg mit ihrer Parole von härteren Strafen, einst die Statt-Partei, auch in Hamburg, oder gar die kleine, aber feine Schülerpartei »Peto« in Monheim am Rhein, die bei der Kommunalwahl in Nordrhein-Westfalen 1999 auf Anhieb mit 6,1 Prozent der Stimmen noch vor der FDP lag. Bei den Landtagswahlen 2000 erhielten sie immer noch stolze 3,65 Prozent. Die fünf Schüler, die diese Partei gründeten, nannten sie »Peto«, weil dies im Lateinischen »ich fordere« heißt.

Die Bürger fordern zu wenig. Sie sollten mehr Bürgersinn entwickeln. Vielleicht muten sich deutsche Bürger und Bürgerinnen immer noch zu wenig zu, weil ihnen nicht genügend bewusst ist, dass sie wirklich frei sind und gleich. Immer noch scheint der Blick nach oben gerichtet zu sein. Dabei steht der Staat nicht über ihnen, sondern das Volk ist der Souverän, der den Staat auf der Basis der Menschenrechte zu seinen eigenen Zwecken aufbaut. Dennoch muss sich jeder die Freiheit Tag für Tag neu erkämpfen, wie auch die Demokratie eine tägliche Abstimmung bedeutet. Denn es ist ein Irrtum zu glauben, wenn man alle vier Jahre zur Wahl geht, habe man seine Pflicht getan. Schließlich bedeutet das Leben und die Teilhabe an einer partizipatorischen Demokratie mehr als nur die Beziehung zwischen Bürger, Parlament und Regierung.

Moralisierung der Politik bedeutet nicht, das Individuum könne sich nun frei von allen Werten dem Leben in der Fun-Gesellschaft hedonistisch hingeben. Genauso wenig besagt die Verpflichtung des Individuums auf ein moralisches Handeln, dass damit der Staat frei davon sei. In einer modernen Gesellschaft wirken alle Bereiche gegenseitig auf einander ein, die Erziehung und die Bildung, die Wirtschaft und die Finanzen, die Medien und die Politik. Und deshalb kann auch jeder, in seinem Bereich, die Initiative zum Handeln ergreifen, wenn er den Werten wieder einen Wert geben will. Es wird einen Einfluss auf die Gemeinschaft haben.

Früher war nicht alles besser, obwohl diese Redewendung wahrscheinlich nie aussterben wird, sondern anders. Und morgen wird es wieder anders sein. Deshalb müssen sich Menschen ihrer Gesellschaft immer wieder anpassen. Die Klage über den Verfall der Werte ist schon zu Zeiten von Sokrates geführt worden, und vermutlich wird sie nie verstummen. Denn die perfekte Gesellschaft wird es nicht geben. Sie wäre vermutlich sehr langweilig, möglicherweise auch sehr autoritär, obwohl sich doch das Paradies auftun müsste, denn Kant meint, der Himmel auf Erden werde kommen, wenn die menschliche Natur ihre Bestimmung und ihre höchstmögliche Vollkommenheit erreicht habe.[1] Doch es werden nie alle Mitglieder einer Gemeinschaft die ethischen Werte so befolgen, wie es Kants kategorischer Imperativ fordert. Das schadet auch nichts. Ein gutes Mittelmaß ethischer Wertanwendung würde dieser Gesellschaft schon helfen.

Und zu allem Überfluss, so mögen die Lebensästheten klagen, ließen sich jetzt auch noch einige zusätzliche Gedanken an das verschwenden, was moderne Philosophen »Bürgertugenden«[2] nennen, die *Höflichkeit* etwa, die *Besonnenheit* oder die *Gelassenheit* und die *Klugheit*. Das sind wieder jene Worte, die ein »moderner« Mensch so altmodisch findet. Aber es bleibt dabei: Die Begriffe wirken immer noch stark in ihrem ursprünglichen Sinn, wenn eine Forderung etwa lautet: Die Menschen sollten mit der Umwelt *besonnener* umgehen. Und schon klingt das Wort ganz zeitgemäß!

Das Unbehagen an der Gesellschaft mag sich weiterentwickeln, denn Wohlstand macht träge. Und wer will schon vom materiellen Denken abrücken. Der Mensch hat in der Geschichte gezeigt, dass er in der Regel nicht gelassen oder besonnen, sondern unersättlich ist. Aber wer klug ist, weiß, dass sich nichts aus der Gegenwart in die Zukunft hinein geradlinig weiterentwickelt. Da sollte sich aufraffen und handeln, wer die Zeichen der Zeit sieht. So schwer ist das auch wieder nicht, denn dazu braucht man weder Held noch Heiliger zu sein.

Anhang

Anmerkungen

Vorwort: Zeit zu handeln

1 Siehe G. St., Theaterrausch, FAZ, 5. März 2001, S. 47
2 Else Buschheuer, Ruf!Mich!An!, München 2000

Kapitel 1 – Werte im Zeiten abrupten Wandels
Zum Zustand unserer Gesellschaft

1 IHT, 2. März 2001, S. 1
2 Mart Saarma, ebd.
3 Martin Altmeyer, FAZ, 22. Februar 2001, S. 8
4 Zit. nach: Hamburger Abendblatt, 22. Februar 2001
5 Der Spiegel 49/2000
6 Der Spiegel 9/2001, S. 23
7 Christiane Nüsslein-Volhard: Den Göttern gleich ich nicht!, in: FAZ, 23. Februar 2001, S. 43
8 Karl Jaspers: Die geistige Situation der Zeit, Berlin 1965, S. 56
9 Renate Köcher: Gesellschaft – Welche Werte prägen uns künftig?, in: Zeitzeichen 2000. Herausforderung für Religion und Gesellschaft, hg. v. Udo Hahn, Gütersloh 1999, S. 53
10 Friedrich Panse, zit. nach: Urs Schwarz, Die Angst in der Politik, Düsseldorf/Wien 1967, S. 13
11 Helmut Schmidt: Auf der Suche nach einer öffentlichen Moral, Stuttgart 1998, S. 30.
12 Köcher, a.a.O., S. 54
13 Schmidt, a.a.O., S. 97f.
14 Johannes Goebel/Christoph Clermont: Die Tugend der Orientierungslosigkeit, Reinbek 1999

15 Köcher, a.a.O., S. 58
16 Siehe hierzu: Wilhelm Heitmeyer (Hg.), Was treibt die Gesellschaft auseinander?, Frankfurt/M. 1997
17 Emile Durkheim: Über die Teilung der sozialen Arbeit, Frankfurt/M. 1977, S. 449
18 Goebel/Clermont, a.a.O., S. 71
19 Zit. nach: Ernst Tugendhat, Vorlesungen über Ethik, Frankfurt/M. 1993, S. 81
20 Michael Walzer, Zivile Gesellschaft und amerikanische Demokratie, zit. nach: Goebel/Clermont, a.a.O., S. 81

Kapitel 2 – Grundwerte und »Allgemeines Sittengesetz« Über Spielregeln im öffentlichen Bereich

1 Heitmeyer, a.a.O., S. 46
2 Sebastian Turner, Politiker als Müsliriegel, in: FAZ, 28. Januar 2001
3 Günther Hörbst/Ilse Frank, Wie viel Schauspielerei verträgt die Politik?, in: Hamburger Abendblatt, 23. Januar 2001
4 Ralf Mielke, Die zweite Stufe, in: BZ, 26. Januar 2001
5 Jürgen Engert, Merkel und Schröder sind die Conférenciers einer Gesellschaft ohne Orientierung, in: Die Welt, 25. April 2000
6 Frank Pergande, Saisonstart im Spargelreich, in: FAZ, 27. April 2001
7 Die Welt, 28. April 2001
8 Gerhard Meir, Celebrity of the Week Stefan Raab…, in: WamS, 28. Januar 2001
9 Christiane Kögel, Btr. Notwehr bei Wahnsinn, in: SZ, 26. März 2001
10 Kant 10,281, zit. nach: Deutsches Wörterbuch von Jacob und Wilhelm Grimm, Bd. 14, S. 2107, München 1991, Nachdruck der Erstausgabe 1893
11 Die Entzauberung der Welt, »Big Brother« und das Verschwinden der Scham – Ein Gespräch mit Hans Peter Duerr, in: Die Welt, 16. März 2000

12 Arno Widmann, Zeitungen von gestern, in: BZ, 6. Februar 2001
13 Hans Magnus Enzensberger, Ihr ödet uns an!, in: FAZ, 25. Januar 2001
14 Wolfgang Elfferding, Das freie Wort und die Würstchen, in: SZ, 26. Februar 2001

Kapitel 3 – Werte, Bürger und Nation
Zur individuellen und kollektiven Identität

1 Ernst R. Sandvoss, Ethik im globalen Zeitalter. Erbe und Auftrag, Frankfurt/M. 1999, S. 36
2 K. Hurrelmann/D. Ulich (Hg.), Handbuch der Sozialisationsforschung, Weinheim 1991, zit. nach: Klaus Hurrelmann, Junge Generation 2000. Kreativität, Selbstsuche und Egotaktik als Lebensstil, Manuskript
3 Siehe auch G. Schmidtchen, Wie weit ist der Weg nach Deutschland? Sozialpsychologie in der postsozialistischen Welt, Opladen 1997
4 Siehe Hurrelmann, Manuskript
5 Ebd.
6 Immanuel Kant, Kritik der praktischen Vernunft. Nach der Lesart der zweiten Originalausgabe 1792, hg. v. M. Thom, Leipzig 1983, S. 191f.
7 Siehe Bulletin der Bundesregierung vom 6. 10. 94, S. 842.
8 Norbert Elias: Wandlungen der Wir-Ich-Balance, in: Die Gesellschaft der Individuen, Frankfurt/M. 1991, S. 207ff.
9 Faruk Sen, Deutsch sprechen, deutsch sein, in: Die Welt, 15. Mai 2001
10 Heinrich August Winkler, Der lange Weg nach Westen, Bd. 1, München 2000, S. 6
11 Jürgen Habermas, Die Einbeziehung des Anderen, 2. Aufl., Frankfurt/M., S. 136f.
12 Ders., Können komplexe Gesellschaften eine vernünftige Identität ausbilden?, in: Zur Rekonstruktion des Historischen Materialismus, 6. Aufl., Frankfurt/M. 1995, S. 9ff.

13 Emnid, Befragungszeitraum 1. 12.–2. 12. 2000
14 Bassam Tibi: Leitkultur als Wertekonsens. Bilanz einer missglückten deutschen Debatte, in: Aus Politik und Zeitgeschichte, 12. Januar 2001, S. 23ff.
15 Ebd.
16 Spiegel-Gespräch: Dies ist unser Land, in: Der Spiegel 47/2000
17 Oskar Roehler, Das einfache Pathos. Dilemma intellektueller Verblödung: Warum der deutsche Film keine großen Geschichten erzählt, in: Süddeutsche Zeitung, 12. Februar 2001
18 Walid Nakschbandi, Geliebtes Deutschland, in: Die Zeit, 14. November 2000
19 Erhard Eppler, Helmut Kohl und die guten Deutschen, in: SZ, 4. Oktober 2000
20 Nachhilfeunterricht in Post-Romantik. Interview mit Alain Finkielkraut von Werner Bloch, in: SZ, 14. Februar 2001

Kapitel 4 – Die Gemeinschaft als Ziel moralischen Handelns Wertkonsens und Gesellschaftsvertrag

1 Emile Durkheim, Erziehung, Moral und Gesellschaft, Neuwied/Darmstadt, 1973, S. 108
2 Ebd., S. 111
3 Jean-Jacques Rousseau, Gesellschaftsvertrag, Stuttgart 1991, Erstes Buch, 6. Kapitel, S. 18.
4 Ursula Ott, Helfen ist schön, in: Die Woche, 13. Oktober 2000.
5 Ernst Kistler/Heinz-Herbert Noll/Eckhart Priller, Perspektiven gesellschaftlichen Zusammenhalts. Empirische Befunde, Praxiserfahrungen, Messkonzepte. Berlin 1999, S. 11
6 Protokoll 7. Sitzung der Enquete-Kommission Zukunft des Bürgerschaftlichen Engagements, 26. Juni 2000, S. 26
7 Hier liegen, im Gegensatz zu den bisher in der Bundesrepublik schon existierenden Parteien, auch besondere Gründe in der Geschichte der PDS, weshalb sie so viele Mitglieder verlor.
8 Renate Köcher, Zwischen Fortschrittsoptimismus und Fatalismus, in: FAZ, 16. August 2000

9 Nikolaus Piper, Piloten als Vorbild und Schreckensbild, in: SZ, 22. Mai 2001
10 Köcher, a.a.O.
11 Franz Walter, Mehr Autonomie wagen!, in: Die Woche, 14. April 2000.
12 Ebd.
13 Machnig, SPD auf dem Weg zur Netzwerkpartei?, in: FAZ, 6. Juni 2001.
14 Uwe Jean Heuser/Gero von Randow: Die legale Blockade, in: Die Zeit, 6. April 2000.

Kapitel 5 – Die Menschenwürde ist unantastbar
Über die ideellen Grundlagen von Werten

1 Malte Hossenfelder, Der Wille zum Recht und das Streben nach Glück. Grundlegung einer Ethik des Wollens, München 2000, S. 109
2 Margot von Renesse, befragt von Stephan Detjen im »Interview der Woche« im Deutschlandfunk, 22. April 2001
3 Hossenfelder, a.a.O., S. 110
4 Otfried Höffe (Hg.), Lexikon der Ethik, München 1977, S. 111
5 James D. Watson, Leichte Schatten über Berlin. Die Deutschen und ihre Genetiker, Frankfurter Allgemeine Zeitung, 19. Juli 1997
6 Immanuel Kant, Grundlegung zur Metaphysik der Sitten, Reclams Universal-Bibliothek Nr. 4507, Stuttgart 2000, S. 115
7 Durkheim, ebd., S. 165
8 Ebd., S. 137
9 Hans Ebeling, Kants Absicht einer Kritik der reinen praktischen Vernunft (Einleitung zur Reclam-Ausgabe), ebd., S. 6
10 Kant, ebd., S. 38

Kapitel 6 –
»So lasst uns denn einander unsere Torheiten verzeihen«
Ohne Toleranz keine Demokratie

1 Der Spiegel 47/2000, S. 17
2 Dieter Sturzbecher, Ronald Freytag, Antisemitismus unter Jugendlichen, Göttingen, Bern, Toronto, Seattle 2000, S. 59
3 Ebd.
4 Wolfgang Benz (Hg.), Jahrbuch für Antisemitismusforschung 9, Frankfurt/M. 2000, S. 18
5 Zitiert nach Karl Popper, Duldsamkeit und intellektuelle Verantwortung, in: Offene Gesellschaft – offenes Universum, Wien 1983 (3. Aufl.), S. 103ff.
6 Ebd.
7 Anja Kremper, Leserbrief, Die Zeit, 3. Mai 2001
8 Abendzeitung, 20. April 2001
9 Heike Kleffner, Polizei zu feige, Justiz zu lahm, in: Tageszeitung, 26. Mai 2001
10 Ingrid Müller-Münch, Wenn Richter »zeitgemäß« urteilen, in: Frankfurter Rundschau, 18. November 2000
11 Matthias Heyl, in: Die Woche, 23. März 2001

Kapitel 7 – Fiat iustitia ...
Wie deutsche Politik der Macht die Gerechtigkeit opfert

1 Max Weber, Der Beruf zur Politik, in: Soziologie, Weltgeschichtliche Analysen, Politik, Stuttgart 1968, S. 167ff.
2 Hans-Olaf Henkel, Die Macht der Freiheit, Erinnerungen, zit. nach Der Spiegel vom 2. 10. 2000, S. 130
3 Ernst-Wolfgang Böckenförde, Nicht Machterhalt ist das Ziel der Politik, sondern Gerechtigkeit, in: Ulrich Wickert (Hrg.), Das Buch der Tugenden, Hamburg 1995, S. 347ff.
4 »Einfach tot gestellt«, Interview mit dem Genfer Generalstaatsanwalt Bernard Bertossa, in: Der Spiegel 30/2001
5 Bei Abschluss des Manuskripts im August 2001 hatte der Generalstaatsanwalt immer noch keine Entscheidung gefällt

6 Wilhelm Hennis, Deutschlands untertänige Justiz, in: Die Zeit vom 19. 4. 2001, S. 9
7 John Rawls, Eine Theorie der Gerechtigkeit, Frankfurt/M., 1975
8 Friedrich A. von Hayek, Recht, Gesetzgebung und Freiheit, Landsberg am Lech 1981, Bd. 2, S. 93 ff.
9 John Rawls, a.a.O., S. 115 ff.

Kapitel 8 – »Wir nehmen uns, was wir kriegen können« Begehrlichkeit als Leitmotiv der Gesellschaft

1 KPMG, Untersuchungen zur Wirtschaftskriminalität, 1995, S. 10
2 Renate Köcher, Wandel des gesellschaftlichen Umfelds der Versicherungswirtschaft, Hamburg 1993, S. 43
3 Alexander Antonoff, 2001 ist das Jahr der Kapitalvernichtung, in: Die Welt vom 7. August 2001, S. 19
4 Susanne Fischer, Betriebe als Opfer, eine Analyse des Anzeigenverhaltens, Dissertation am Kriminologischen Institut der Universität Köln, 2001
5 Fischer, ebenda, S. 76 und S. 209
6 Aristoteles, Die Nikomachische Ethik, 2. Aufl., Zürich/München 1995, VIII und IX 5
7 Walter Wüllenweber, Ja, wo arbeiten sie denn?, in: Der Stern 16/2000, S. 83 ff.
8 Manfred Lahnstein, Die Feuerwehr als Brandstifter, Die unheimliche Macht der Experten in Politik und Wirtschaft, München 2000, S. 153
9 John Schmid, Germany Tackles Abuses by Jobless, in: International Herald Tribune vom 7. Mai 2001
10 Lothar Büttner im Telephoninterview mit Matthias Deiß am 28. Juni 2001
11 Fischer, a.a.O., S. 65
12 Bassam Tibi, Einwanderung statt Zuwanderung, Zu viele Ausländer missbrauchen das Asylrecht, in: Focus 38/2000, S. 102
13 Sozialstaat absurd – Staatsanwälte gegen Alte und ihre polnischen Helfer, in: Report Mainz (ARD) vom 16. Juli 2001

14 Siehe dazu: Prof. Wolfgang Merkel, Soziale Gerechtigkeit in Deutschland, in: FAZ vom 2. Januar 2001, S. 6.

Kapitel 9 – Moralische Selbstbestimmung Über die Vermittlung von Werten

1 Helmut Schmidt, Auf der Suche nach einer öffentlichen Moral, Deutschland vor dem neuen Jahrhundert, Stuttgart 1998, S. 8f.
2 Zit. nach Helmut Schmidt, ebenda, S. 216
3 Zit. nach Fritz Oser, Wolfgang Althof, Moralische Selbstbestimmung, Modelle der Entwicklung und Erziehung im Wertebereich, Ein Lehrbuch, Stuttgart 1992, S. 66
4 Peter Struck, Die Kunst der Erziehung: Ein Plädoyer für ein zeitgemäßes Zusammenleben mit Kindern und Jugendlichen, Darmstadt 1996, S. 149
5 Siehe Fritz Oser, a.a.O., S. 64f.
6 Siehe: Susanne Gaschke, Die Erziehungskatastrophe, Kinder brauchen starke Eltern, Stuttgart/München 2001
7 A.a.O., S. 17
8 »Narziss und Schmollmund«, in: Der Spiegel 22/2001
9 Verband Bildung und Erziehung und Bundeselternrat, Ermutigung zur Erziehung: »Der Mensch kann nur Mensch werden durch Erziehung«, Eltern und Lehrer sind Partner, 10. Juli 2001
10 Emile Durkheim, Erziehung, Moral und Gesellschaft, a.a.O., S. 173ff.
11 Peter Struck, a.a.O., S.150
12 Durkheim, a.a.O., S. 214
13 Oser, a.a.O., S. 110

Kapitel 10 – Den Werten einen Wert geben

1 Immanuel Kant, Eine Vorlesung über Ethik, hg. von Gerd Gerhardt, Frankfurt/M., 1990, S. 270
2 Otfried Höffe, Demokratie im Zeitalter der Globalisierung, München 1999, S. 190ff.

Literatur

Aristoteles, Die Nikomachische Ethik, 2. Aufl., Zürich/München 1995

Wolfgang Benz (Hg.), Jahrbuch für Antisemitismusforschung 9, Frankfurt/M. 2000

Emile Durkheim, Über die Teilung der sozialen Arbeit (1893), Frankfurt/M. 1977

Emile Durkheim, Erziehung, Moral und Gesellschaft, Neuwied und Darmstadt 1973

Norbert Elias, Die Gesellschaft der Individuen, Frankfurt/M. 1991

Susanne Fischer, Betriebe als Opfer. Eine Analyse des Anzeigeverhaltens, Dissertation am Kriminologischen Institut der Universität Köln, 2001

Susanne Gaschke, Die Erziehungskatastrophe. Kinder brauchen starke Eltern, Stuttgart, München 2001

Johannes Goebel, Christoph Clermont, Die Tugend der Orientierungslosigkeit, Taschenbuchausgabe, Reinbek 1999

Jürgen Habermas, Die Einbeziehung des Anderen, 2. Aufl., Frankfurt/M. 1997

Jürgen Habermas, Zur Rekonstruktion des Historischen Materialismus, 6. Aufl., Frankfurt/M. 1995

Udo Hahn (Hg.), Zeitzeichen 2000 – Herausforderung für Religion und Gesellschaft, Gütersloh 1999

Friedrich A. von Hayek, Recht, Gesetzgebung und Freiheit, Landsberg am Lech 1981

Wilhelm Heitmeyer (Hg.), Bundesrepublik Deutschland: Auf dem Weg von der Konsens- zur Konfliktgesellschaft, Band 1: Was treibt die Gesellschaft auseinander?, Band 2: Was hält die Gesellschaft zusammen?, Frankfurt/M. 1997

Otfried Höffe, (Hg.), Lexikon der Ethik, München 1977

Otfried Höffe, Demokratie im Zeitalter der Globalisierung, München 1999

Malte Hossenfelder, Der Wille zum Recht und das Streben nach Glück. Grundlegung einer Ethik des Wollens, München 2000

K. Hurrelmann, D. Ulich (Hg.), Handbuch der Sozialisationsforschung, Weinheim 1991

Karl Jaspers, Die geistige Situation der Zeit, Berlin 1965
Immanuel Kant, Grundlegung zur Metaphysik der Sitten, Reclam Universal-Bibliothek Nr. 4507, Stuttgart 2000
Immanuel Kant, Kritik der praktischen Vernunft, Leipzig 1983
Immanuel Kant, Eine Vorlesung über Ethik, hg. von Gerd Gerhard, Frankfurt/M. 1990
Ernst Kistler, Heinz-Herbert Noll, Eckhart Priller, Perspektiven gesellschaftlichen Zusammenhalts. Empirische Befunde, Praxiserfahrungen, Messkonzepte, Berlin 1999
Renate Köcher, Wandel des gesellschaftlichen Umfelds der Versicherungswirtschaft, Hamburg 1983
Manfred Lahnstein, Die Feuerwehr als Brandstifter. Die unheimliche Macht der Experten in Politik und Wirtschaft, München 2000
Fritz Oser, Wolfgang Althof, Moralische Selbstbestimmung. Modelle der Entwicklung und Erziehung im Wertebereich. Ein Lehrbuch, Stuttgart 1992
Karl Popper, Offene Gesellschaft – offenes Universum, 3. Aufl., Frankfurt/M. 1983
John Rawls, Eine Theorie der Gerechtigkeit, Frankfurt/M. 1975
Jean Jacques Rousseau, Gesellschaftsvertrag, Stuttgart 1991
Ernst Sandvoss, Ethik im globalen Zeitalter. Erbe und Auftrag, Frankfurt/M. 1999
Helmut Schmidt, Auf der Suche nach einer öffentlichen Moral. Deutschland vor dem neuen Jahrhundert, Stuttgart 1998
G. Schmidtchen, Wie weit ist der Weg nach Deutschland? Sozialpsychologie in der postsozialen Welt, Opladen 1997
Urs Schwarz, Die Angst in der Politik, Düsseldorf, Wien 1967
Peter Struck, Die Kunst der Erziehung. Ein Plädoyer für ein zeitgemäßes Zusammenleben mit Kindern und Jugendlichen, Darmstadt 1996
Dieter Sturzbecher, Ronald Freytag (Hg.), Antisemitismus unter Jugendlichen, Göttingen, Bern, Toronto, Seattle 2000
Ernst Tugendhat, Vorlesungen über Ethik, Frankfurt/M. 1993
Max Weber, Soziologie. Weltgeschichtliche Analysen, Politik, Stuttgart 1968
Ulrich Wickert (Hg.), Das Buch der Tugenden, Hamburg 1995
Heinrich August Winkler, Der lange Weg nach Westen, Band 1, München 2000